BIBLIOTECA DE **IDEAS**
de Especialidades Juveniles

campamentos

Biblioteca de ideas

Juegos para refrescar tu ministerio
Rompehielos
Teatro para refrescar tu ministerio

BIBLIOTECA DE **IDEAS**
de Especialidades Juveniles

campamentos
para refrescar tu ministerio

Especialidades
Juveniles.com

Vida®

La misión de Editorial Vida es ser la compañía líder en satisfacer las necesidades de las personas con recursos cuyo contenido glorifique al Señor Jesucristo y promueva principios bíblicos.

CAMPAMENTOS
Edición en español publicada por
Editorial Vida – 2006
Miami, Florida

©2006 por Especialidades Juveniles

Originally published in the USA under the title:
Camps, Retreats, Missions & Service Ideas for Youth Groups
Copyright © 1997 by Youth Specialties, Inc.
Published by permission of Zondervan, Grand Rapids, Michigan.

Traducción: *Lucas Leys*
Edición: *Silvia Himitian*
Diseño interior: *Eugenia Chinchilla*

ISBN: 978-0-8297-4748-5

Categoría: Ministerio cristiano / Juventud

Impreso en Estados Unidos de América
Printed in The United States of America

HB 06.16.2023

CAMPAMENTOS Y RETIROS

Organizar campamentos y retiros exitosos es una de las tareas más complejas y demandantes de tiempo que enfrenta un líder de jóvenes. Pero puede ser, también, una de las experiencias más transformadoras que tenga un estudiante durante su adolescencia. No importa qué tipo de campamento o retiro estemos planeando, aquí encontraremos mucha información que nos será de gran ayuda.

LIDERAZGO

PRINCIPIOS BÁSICOS PARA DIRIGIR CAMPAMENTOS Y RETIROS

La mayoría de las iglesias cuentan con escasos programas para sus campamentos, y muy pocas poseen una filosofía coherente y bien pensada sobre esta temática.

Seguramente, en cierto momento, nuestro grupo de jóvenes se verá obligado a tomar una libreta para formular una filosofía que guíe sus campamentos, la cual podrá ser utilizada por todos aquellos que estén a cargo del programa más adelante. Para ayudar en este proceso, intentamos confeccionar un resumen de la información más eficaz de la que disponemos en lo que a campamentos se refiere.

• **Personas, Programa, Instalaciones:** Este es el orden de prioridades fundamentales para cualquier filosofía de campamento. Algunos piensan que las instalaciones son lo más importante. Pero tener cabañas espectaculares, con alfombras y cortinas, no puede compensar un liderazgo pobre y una programación deficiente. Muchas congregaciones se reúnen en lugares para campamentos, en los que el director del retiro es también el encargado de mantenimiento. Eso da buenos resultados tan solo en aquellos programas que están al servicio de las instalaciones. A los chicos se los sermonea por rayar el suelo, se cancelan juegos ante la probabilidad de ensuciar el salón de reuniones, y otras cosas por el estilo. El aspecto primordial de cualquier programa para campamentos debe ser la elección del equipo de líderes. Las instalaciones pobres, o aun inadecuadas, pueden compensarse si el programa y el personal se lucen.

• **Comida:** Una buena comida no implica necesariamente que sea cara. Los espaguetis constituyen una buena opción a menos que los cocinemos demasiado. Las salchichas resultarán perfectas a menos que las dejemos estallar dentro de la olla. Si la comida es mala, los chicos nunca lo olvidarán. No solo debemos ofrecerles comida de buena calidad, sino que también debemos tenerla en cantidad suficiente para que los jóvenes se sientan libres de repetir, e incluso de comer tres platos.

• **Resultados:** Muchos chicos toman decisiones importantes en estos campamentos y conferencias. Pero para muchas iglesias, la única justificación del programa de campamentos tiene que ver con el número de decisiones de fe que se tomen en esos días. Tendría que ser más importante preocuparse por el proceso de reflexión que se produce en estos campamentos que por los resultados o por las respuestas abiertamente públicas ante el mensaje o mensajes. El campamento es un tiempo dedicado a la evaluación personal, lejos de la rutina diaria de los adolescentes. Proporciona momentos para abrirse a nuevas ideas y experiencias. Los chicos son capaces de enfocar sus pensamientos mientras escuchan de modo atento un mensaje. Frecuentemente se escucha a los jóvenes hablar de una decisión tomada en una conferencia y del posterior fracaso que experimentaron al intentar cumplir con lo prometido. Es de suma importancia prevenir a los acampantes acerca de una realidad inevitable: «La luna de miel termina». Debemos prepararlos para la dura realidad; regresarán a sus casa y todo estará exactamente igual a como lo dejaron. Debemos tener cuidado de no transmitirles una idea equivocada; el valor de su estadía en el campamento no se determina tan solo por una respuesta positiva al llamado a comprometerse.

• **Post-campamento:** Luego de cada congreso, consideremos la posibilidad de pedir a los acampantes que se encarguen de algún culto de la iglesia. Organicemos un coro con los acampantes e incluyamos algunos testimonios, un informe acerca del viaje y, de ser posible, una breve charla con el orador del campamento. Animemos al orador a relacionar cada comentario con lo predicado en el campamento. Podemos ofrecer a la iglesia un informe general y al mismo tiempo cumplir con algunos importantes objetivos: Primero que todo, aquellos que no pudieron concurrir se pondrán al tanto del progreso espiritual logrado en el campamento. En segundo lugar, los padres, que acaban de enterarse de las peores cosas acerca del campamento (los chicos siempre cuentan a sus padres lo peor), obtendrán una visión más completa de lo que fue esa experiencia al escuchar el lado positivo y edificante. Otra sugerencia es tener una reunión de reencuentro, aproximadamente un mes después de la finalización del campamento, en la que haya videos de aquel viaje, refrescos y un breve mensaje con una continuidad temática por parte del orador del campamento. Este es un modo excelente de mantener el contacto con aquellos que estuvieron en el campamento pero que por alguna razón no frecuentan la iglesia o el grupo de jóvenes.

ENCUESTA SOBRE EL CAMPAMENTO

La encuesta de la página 15 fue utilizada en un campamento muy numeroso de adolescentes de una escuela secundaria con la finalidad de conocer las motivaciones de los chicos. Resultó de gran ayuda para los líderes del campamento y los oradores, y sirvió para determinar exactamente en qué dirección moverse.

DETERMINACIÓN DE METAS PERSONALES

Antes de partir para un retiro con el grupo, entreguemos a cada miembro una copia de la tabla de objetivos personales que se encuentra en la página 16.

Incentivemos a los adolescentes a enumerar sus objetivos para el retiro en la columna de la izquierda. Ellos tal vez deseen incluir objetivos tales como hacer nuevos amigos, controlar su temperamento, o crecer en la intimidad con Dios. Pueden debatir acerca

de estos objetivos con alguna persona, si así lo desean.

Durante el retiro separemos un tiempo cada noche para que los adolescentes llenen sus tablas con los símbolos que se encuentran en la parte inferior de la hoja. Al final de la semana, dialoguemos acerca de los objetivos, si es que los consideran alcanzados o no, y por qué. *Ben Sharpton.*

PROGRAMA DEL CAMPAMENTO

Créase o no, el horario o cronograma de un campamento es uno de los principales factores que influyen sobre el resultado del retiro. Si el horario resulta demasiado estructurado, los acampantes se quejarán y se rebelarán; pero si el horario es demasiado desestructurado, entonces los acampantes se aburrirán y se quejarán de que no hay nada para hacer. Los siguientes horarios son representativos de algunos de los programas de campamento más eficaces que conocemos. Prestemos atención, ya que muy probablemente tengamos que hacer adaptaciones según los horarios usuales de nuestra ciudad:

• **Campamento de fin de semana**
 Viernes
  18:00 Reunión vespertina
  19:30 Cena
  21:00 Actividad especial
  23:00 Se apagan las luces
 Sábado
  07:00 Hora de despertarse
  08:30 Desayuno
  11:30 Charlas por pequeños grupos, mensaje
  12:30 Almuerzo
  13:30 Tiempo libre
  16:30 Actividad a elección
  18:00 Cena
  19:30 Reunión vespertina
  23:00 Se apagan las luces
 Domingo
  07:00 Hora de despertarse
  08:30 Desayuno
  11:30 Reunión matutina
  12:30 Almuerzo
  13:30 Regreso a casa

Los estudiantes universitarios pueden irse a la cama a la hora que deseen.

• **Campamento de una semana**
  07:00 Hora de despertarse
  08:00 Desayuno
  09:15 Limpieza de los dormitorios
  10:00 Reunión matutina

¡Dilo tal como lo ves!

Responde cada pregunta en forma breve y sincera. Di lo que piensas en verdad. No escribas tu nombre en ninguna parte de esta hoja.

1. Yo tengo _____ años.

2. Soy (varón)_____ (mujer)_____ .

3. Soy cristiano: (sí)_____ (no)_____ .

4. Mis padres son cristianos: (ambos)_____ (uno de los dos)_____ (ninguno de los dos)_____ .

5. Un cristiano es una persona que _____ .

6. Yo (voy a la iglesia)____ (no voy a la iglesia)____ porque _____ .

7. Mis amigos (van a la iglesia)____ (no van a la iglesia)____ porque _____ .

8. Yo vine a este campamento porque _____ .

9. Mi mayor queja contra la iglesia es _____ .

10. Mi mayor queja contra el campamento es _____ .

11. Mi mayor queja contra los padres (o los adultos) es _____ .

12. Yo quisiera que _____ .

Mi TABLA DE METAS PERSONALES

En la columna de la izquierda, enumera todas tus metas que te has propuesto para el retiro que se realizará pronto (hacer nuevos amigos, crecer en intimidad con Dios, y otras). Luego comenta estas metas con un compañero. Cada noche, durante el retiro, separa un tiempo para poner tu tabla al día y crear nuevas metas empleando los símbolos que se presentan debajo de la tabla. Al final de la semana, debate con tu compañero acerca de lo que experimentaste al fijar tus metas.

Metas	Domingo	Lunes	Martes	Miércoles	Jueves	Viernes

EXPERIENCIA «PICO DE MONTAÑA»
Sobrepasó todas mis expectativas. ¡Genial! ¡Muy motivador!

EXPERIENCIA «CIMA DE CERRO»
Un poco menos que el pico de montaña, pero llenó la mayor parte de mis expectativas.

EXPERIENCIA «PLANICIE»
Experiencia promedio, común y corriente. Nada muy especial que digamos, pero tampoco estuvo mal.

EXPERIENCIA «PANTANO»
El pozo. Lo peor. Estuvo muy por debajo de mis expectativas. Necesito superar esta situación urgentemente.

11:15 Seminarios a elección
12:30 Almuerzo
13:30 Tiempo libre
16:30 Seminarios a elección
18:00 Cena
19:00 Reunión vespertina
20:30 Actividad nocturna (algunos grupos invierten el orden
y tienen la actividad nocturna primero y la reunión luego)
23:00 Se apagan las luces

Los adolescentes que se encuentran en los primeros años de la escuela secundaria a menudo requieren una estructura más movida. Por lo tanto, recomendamos que se adapte de la siguiente manera el horario matutino que acabamos de presentar:

07:00 Hora de despertarse
08:00 Desayuno
09:00 Limpieza de los dormitorios
09:40 Reunión matutina
10:30 Actividad individual organizada (presentar distintas propuestas)
11:30 Competencia especial por equipos
12:30 Almuerzo

HORARIO DEL CAMPAMENTO

La mayoría de los adolescentes se quejan por tener que ir a la cama demasiado temprano y levantarse también muy temprano. Al establecer un «huso horario especial» para el campamento, podemos permitir que vayan a dormir a las dos de la madrugada y que se despierten a las nueve de la mañana, sin desorientar sus relojes internos. Establecer el «huso horario del campamento» puede convertirse en la primera actividad. Pidamos a todos los acampantes que ajusten sus relojes como si en verdad fueran dos horas más tarde (puede ser un poco más o un poco menos). Todas las actividades se desarrollarán según el «huso horario especial» del campamento.

Aunque los adolescentes sepan del cambio, responderán a la nueva hora. Esto resulta más eficaz en los campamentos de una semana de duración. *Ron Wells*

El día más importante en un campamento es el primero. Asegurémonos de que la primera impresión sea la mejor posible. Brindemos abundante y buena comida, actividades variadas que los entusiasmen y tengan un contenido de calidad. Permitamos a los acampantes suficiente tiempo libre como para conocer y explorar los alrededores. Si el viaje fue largo, planifiquemos reuniones más cortas y proveámosles bastantes actividades. El primer mensaje debe ser más bien sencillo, para permitir a los acampantes la oportunidad de conocer al orador como persona y al mismo tiempo recibir un adelanto de los temas a ser tratados más adelante.

REUNIONES

• **Reunión matutina:** La reunión matutina tiene que planificarse como para obtener la mayor participación posible de los acampantes. Las siguientes sugerencias representan algunas de las formas más eficaces de lograrlo:

–Antes de la reunión de la mañana, tengamos un tiempo devocional, personal o por habitaciones, para estudiar y debatir el pasaje al que se referirá más tarde el orador. De este modo, los acampantes podrán aportar lo que aprendieron allí durante la reunión.

–Preparemos una breve dramatización para representar delante de todo el grupo, que plantee un dilema sin resolver. Luego dividamos a los acampantes en pequeños grupos para que debatan sobre la dramatización; podemos separarlos por habitaciones o con otro criterio a elección. Juntemos a todos nuevamente para que expresen sus conclusiones. Tal vez ellos puedan representar la dramatización otra vez, cambiándola del modo que deseen.

• **Seminarios:** Los seminarios son sesiones de una hora u hora y media, que tratan sobre temas especializados. Puede haber seminarios abiertos (sin límite en cuanto al número de asistentes) o seminarios cerrados (con asistencia limitada). Se debería ofrecer una variedad de seminarios para que los acampantes tuvieran opciones en cuanto a los temas entre los que elegir. Los seminarios pueden orientarse hacia la teología (sobre el Espíritu Santo, la justicia de Dios), enfocarse en temas cotidianos (como el materialismo o el sexo), o basarse en estudios bíblicos (pasajes de Romanos, los evangelios, y otros). Los seminarios de asistencia limitada pueden ofrecer «tarjetas de ingreso» a los acampantes según su orden de llegada. Cuando se complete el cupo del seminario, el resto tendrá que asistir a su segunda opción. El número total de «tarjetas de ingreso» de todos los seminarios debe ser igual al número de acampantes.

- **Reunión vespertina:** Esta reunión es la más importante del día. Debemos lograr que sea también la más esperada. Una reunión como esta incluye mucho canto, buena diversión y música especial, en la que se perciba calidad y variedad. No debe durar más de una hora y media.

- **Diversión a la hora del almuerzo:** La hora del almuerzo puede y debe ser el punto focal de diversión e información. Podemos incluir en esos momentos los anuncios sobre los horarios de las actividades que se desarrollarán durante la tarde, los acontecimientos especiales, los puntajes de las competencias, la limpieza de las habitaciones, los cumpleaños, las dramatizaciones, algunos trucos y entretenimientos, y cosas semejantes. El siguiente modelo es un típico ejemplo de humor a la hora del almuerzo:

Desfile de moda del inspector de limpieza: Todos los accesorios serán exhibidos como en un desfile de modas por el inspector de limpieza. Estará integrado por las prendas halladas dispersas por ahí al revisar las habitaciones.

El inspector de limpieza se colocará todas las prendas al mismo tiempo. Seguramente lucirá una buena combinación de trajes de baño, pijamas, camisones, y otras cosas. Debe vestirse con cuidado, de modo que al quitarse una prenda y entregarla a su dueño (que estará reclamándola), la siguiente prenda se vea por primera vez. Por ejemplo, podría colocarse un traje de baño cubierto por unos pijamas, cubiertos por un camisón largo.

RECREACIÓN EN EL CAMPAMENTO

- **Actividades competitivas que no impliquen habilidades especiales:** Un programa de recreación eficaz se logra a través de una mezcla de actividades competitivas que demanden destrezas especiales y otras que no. Las competencias que requieran habilidad, tales como el voleibol, el básquetbol y el fútbol, deberán jugarse voluntariamente durante el tiempo libre. Las competencias por equipos en los momentos de recreación organizada no deben requerir destrezas especiales. Por ejemplo: voleibol con globos, fútbol-tenis, y otras semejantes. Esas actividades resultan divertidas de ver y jugar y nunca dependen de un entrenamiento previo.

También son apropiados para los campamentos juegos como las escondidas, las guerras de agua, las búsquedas del tesoro, y similares.

- **Equipos.** En los campamentos que duren más de un fin de semana, resulta aconsejable dividir al grupo en equipos. Los equipos pueden beneficiar el programa del campamento o perjudicarlo, según sea la actitud que tengamos hacia las competencias. Si cada actividad en el campamento se basa en la competencia entre equipos, entonces los acampantes se polarizarán; el éxito o el fracaso del campamento lo determinará el que su equipo gane o pierda la competencia. Podemos evitar eso de las siguientes formas:

–Limitemos las actividades competitivas a una o dos por día.

–Procuremos que el equipo con más puntaje compita primero en todas las actividades. Casi siempre, los equipos siguientes aprenden de los errores anteriores.

–Anunciemos los resultados de las competencias tan solo una vez al día.

Los nombres de los equipos pueden ser de cualquier tipo, serios o ridículos. Los equipos pueden escoger sus propios capitanes, sus porristas y mascotas; escribir sus cantos y diseñar sus banderas. Los nombres ridículos que los equipos escojan pueden basarse en cualquier cosa, desde dibujos animados y personajes de películas, hasta nombres inventados por ellos mismos. Por ejemplo, un grupo de líderes designó a sus equipos con nombre serios: Fe, Amor, Esperanza y Caridad. Luego entregaron a cada equipo una cámara de video y les indicaron que debían producir un video de tres minutos (serio o humorístico) que comunicara el nombre de su equipo.

- **Puntos:** Otorgar puntos es gratis, así que ¿por qué dar a un equipo tres puntos cuando podemos darle trescientos o tres mil? Cuando los participantes reciben tres mil puntos, sienten que en verdad han ganado algo.

Podemos conceder puntos por casi cualquier cosa. Recordemos que lo importante no es ganar sino pasar un tiempo agradable. Así que no nos excedamos. Si un equipo le lleva mucha ventaja al resto con su puntuación, siempre podemos emparejar las cosas distribuyendo puntos de castigo (puntos en contra) y puntos extras. Cuidemos que los puntos premien toda una diversidad de intereses y habilidades, y no tan solo destrezas físicas. Intentemos presentar competencias variadas, para que todos los adolescentes tengan la oportunidad de sentirse «buenos» en algo.

El equipo que al finalizar la semana resulte ganador puede recibir un premio especial, un helado para cada integrante, por ejemplo; pero generalmente el hecho de ganar es suficiente.

REGLAS

Las reglas son una parte necesaria de todo campamento. Sin embargo, muchos campamentos organizados por las iglesias sufren de una sobreabundancia de reglas. Si ponemos demasiadas reglas, crearemos más problemas de los que intentamos prevenir. Ciertamente no podemos prescribir aquí una lista específica de reglas, pero sí ofrecer algunas pautas importantes para que cada uno establezca su propio conjunto de ellas.

• Cuantas menos, mejor. Hay muchas reglas que no necesitan ser especificadas. Por ejemplo, los chicos ya saben que no pueden llevar drogas al campamento.

• No intentemos establecer nuestra autoridad mediante una conducta severa o un sermón autoritario. Hagamos de las reglas algo ágil, firme pero con un toque de humor. En lugar de decir: «Está prohibido arrojar piedras al lago», digamos: «Hay un juego que no está permitido jugar en el campamento; se llama *Bombardear al pato*».

• Nunca hagamos alardes. Cuando anunciemos que los que rompan determinadas reglas sufrirán las consecuencias, asegurémonos de cumplirlas. Es mejor mantener silencio con respecto al castigo y resolver cada situación en forma individual.

• Tratemos los problemas a medida que surjan y en forma privada con los que estén involucrados; los azotes públicos pertenecen a la Edad Media. Es preferible, además, descartar castigos que se apliquen al campamento entero. Los incidentes públicos que ocasionen que todo el campamento sufra pueden arruinar la experiencia completa de los acampantes.

• Nunca privemos de comida a un acampante, ni de sueño o abrigo. Las reglas deben ser planteadas en forma positiva y ayudar así a la comprensión de que su objetivo es mejorar la experiencia del campamento. Las reglas nunca deben fijarse para forzar a las personas a actuar como cristianos.

LIDERAZGO DEL CAMPAMENTO

• **Director del campamento:** La responsabilidad del director es coordinar todas los aspectos del programa referidos a la recreación y el entretenimiento. Como líder, es la persona central y puede tomar todas las decisiones que tengan que ver con el programa. El director es el enlace entre los líderes encargados de los adolescentes y los líderes encargados del programa; y está a cargo de todas las reuniones de consejería.

• **Director de varones y director de mujeres:** Estos dos manejan la mayor parte de la disciplina, excepto los casos serios que requieran la participación del director del campamento. Sus responsabilidades principales son revisar las habitaciones luego de que se apaguen las luces y realizar controles periódicos durante las reuniones.

• **Orador:** El orador es el que presenta la mayor parte del contenido temático en el campamento. Una prédica por día debería ser lo máximo que se espere de esta persona en cuanto a reuniones generales. Los seminarios o conferencias a elección permitirán a los acampantes la libertad de no escuchar nuevamente al orador. Por supuesto, los oradores pueden dictar un seminario o una conferencia a elección para un grupo más reducido, pero demasiada exposición puede disminuir su eficacia. Como organizadores, deberíamos suplir las siguientes necesidades del orador:

–Alojamiento y baño privado.

–Sábanas y manta de cama.

–Tiempo libre.

–Honorarios (previamente acordados) antes de que el orador se retire del campamento.

• **Director de Recreación:** Esta persona está a cargo de toda la recreación, ya se trate de competencias o de tiempo libre. También organiza las competiciones por equipos, con sus respectivos jueces, puntuaciones, reglas y materiales.

• **Consejeros:** Las responsabilidades de los consejeros no deberían limitarse al tiempo concreto que dura el campamento. Idealmente, debería existir ya una relación desde antes del campamento y que continúe después de que el campamento haya finalizado. Relación, liderazgo y responsabilidad son las palabras claves para un consejero eficaz. Antes que todo, el consejero esta allí para construir una relación íntima con el acampante y se espera con eso conseguir una atmósfera de apertura y confianza. Es responsabilidad del consejero, en segundo lugar, discernir dónde se necesita un liderazgo para guiar al acampante hacia el crecimiento. Por supuesto, será una vez finalizado el campamento que el consejero resulte de verdadera ayuda, al apartar tiempo para estar juntos. Es recomendable que, como mínimo, la edad de los consejeros supere la de la escuela secundaria, que estos pertenezcan a la misma iglesia y que estén bien entrenados.

LISTAS DE CONTROL PARA COCINAR EN GRUPO

Aquí presentamos una excelente idea para los retiros en que los chicos cocinan su propia comida. Dividamos a los acampantes en pequeños grupos de cocina. Pueden separarse por habitaciones, por familias o según alguna otra categoría. A cada grupo se le asignará una comida, que deberá preparar y servir al resto del campamento.

Para que el trabajo de cocinar, servir y lavar los platos resulte más liviano, podemos repartir con anticipación algunas listas de instrucciones detalladas «paso a paso» sobre cómo preparar y servir la comida. Para evitar problemas en la organización de los chicos, debemos lograr que cada uno tenga algo que hacer y debemos prevenir todos los errores que pudieran arruinar una comida. Los adolescentes lo apreciarán y también nosotros.

A continuación incluimos algunos ejemplos que nos ayudarán a confeccionar las listas, de acuerdo con el menú que utilicemos (los ejemplos son para un retiro de siete personas)

Cena del día viernes

_____ Ordenar la comida que se trajo para el retiro y colocar en la heladera lo que corresponde.

_____ Extender el mantel.

_____ Calentar la sopa (tres latas de sopa de vegetales).

_____ Preparar dos litros de jugo en polvo.

_____ Colocar sobre la mesa servilletas, cucharas y platos hondos.

_____ Servir el jugo en los siete vasos.

_____ Servir la sopa.

_____ Lavar: cucharas, vasos, platos, olla. Limpiar: mesa, pisos, cocina.

_____ Preparar dos litros más de jugo para el almuerzo del sábado y colocarlo en la heladera.

Bocadillos del día viernes

_____ Calentar un poco de aceite dentro de una olla especial para preparar palomitas de maíz.

_____ Derretir cincuenta gramos de mantequilla, si se desea.

_____ Calentar agua o leche para preparar chocolate caliente o té.

_____ Preparar tan solo media taza de maíz por vez. Esparcir los granos en el fondo de la olla y vigilarlos muy cuidadosamente. Sacar las palomitas del fuego y colocarlas en un recipiente apropiado en cuanto dejen de explotar (antes de que se quemen).

_____ Colocar mantequilla y sal sobre las palomitas de maíz calientes.

_____ Preparar tazas y servilletas.

_____ Mezclar el chocolate en polvo con la leche caliente en una jarra o preparar con el agua caliente una jarra de té.

_____ Servir las palomitas de maíz y la bebida.

_____ Lavar: tazas, jarra, olla, y otros elementos. Limpiar: mesa, pisos, cocina.

Desayuno del día sábado

_____ Preparar la mezcla para panqueques siguiendo las indicaciones del envase.

_____ Colocar sobre la mesa un pan de manteca, un frasco de dulce, las servilletas, algunos cuchillos y tenedores.

_____ Preparar café y leche para llevar a la mesa.

_____ Preparar un litro de jugo, servir en los siete vasos y colocar sobre la mesa.

_____ Preparar tres panqueques para cada persona (veintiún panqueques en total).

_____ Es preferible servir los panqueques en la cocina y llevar a la mesa un plato para cada uno con 3 panqueques ya servidos.

_____ Este grupo estará a cargo de un tiempo breve de oración matutina. Usar creatividad.

_____ Lavar: tazas, vasos, platos, cubiertos, cualquier otro utensilio. Limpiar: mesa, pisos, cocina.

Almuerzo del día sábado

_____ Poner a calentar sobre el fuego una olla grande con agua. Cuando hierva, colocar las salchichas dentro.

_____ Poner sobre la mesa el mantel, los panes, mostaza, ketchup, mayonesa, siete platos, los cuchillos, los tenedores y las servilletas.

_____ Pelar una cebolla y picarla bien fina.

_____ Servir las papas fritas en un bol y colocar sobre la mesa.

_____ Servir el jugo que se encuentra ya preparado en la heladera en los siete vasos, y colocarlos sobre la mesa.

_____ Este grupo estará a cargo de dar gracias en la mesa.

_____ Postre: Servir en un plato veintiún galletas (tres por persona).

_____ Preparar dos litros más de jugo para la cena y colocarlos en la heladera.

_____ Lavar: platos, cubiertos, olla, vasos. Limpiar: mesa, pisos, cocina.

Cena del día sábado

_____ Lavar una lechuga y cuatro tomates. Cortar los tomates en rodajas.

_____ Colocar sobre la mesa la cebolla picada que sobró del almuerzo.

_____ Cocinar las hamburguesas.

_____ Colocar sobre la mesa siete platos, con los tenedores, las servilletas, los panes y los aderezos.

_____ Servir el jugo que se encuentra ya preparado en los siete vasos, y colocar sobre la mesa.

_____ Este grupo estará a cargo de las oraciones en la mesa.

_____ Lavar: platos, cubiertos, vasos. Limpiar: mesa, pisos, cocina.

_____ Preparar dos litros más de jugo para el siguiente día y colocarlos en la heladera.

Desayuno del día domingo

_____ Mezclar siete huevos y dos tazas de leche, para preparar torrijas.

_____ Cortar rodajas de pan (catorce si el pan es grande, veintiocho si es pequeño).

_____ Sumergir las rodajas de pan en la preparación. Freírlas en una sartén caliente con un poco de manteca. Darlas vuelta, para cocinarlas de ambos lados.

_____ Sacarlas del fuego y colocarlas en un plato. Espolvorearlas con abundante azúcar cuando aun están calientes.

_____ Preparar la mesa con siete platos, los tenedores, los cuchillos, los vasos y las servilletas.

_____ Colocar sobre la mesa una jarra de leche y el jugo que se encuentra ya preparado en la heladera.

_____ Este grupo estará a cargo de las oraciones matutinas en la mesa.

_____ Lavar: platos, cubiertos, vasos. Limpiar: mesa, pisos, cocina.

Rhonda C. Knight

CHOCOLATE CALIENTE PARA CINCUENTA

Los chicos de cualquier retiro aman el **chocolate caliente**. Aquí presentamos una alternativa al que se **prepara simplemente** derritiendo barras de chocolate en leche **caliente**. Esta receta sirve para cincuenta vasos. Podemos **variar las cantidades**, pero siempre respetando esta proporción:

> 7 1/2 litros de agua
> Leche en polvo (la cantidad que corresponda a 7 1/2 litros de agua)
> 500 gramos de Nesquik **de Nestlé**
> 500 gramos de azúcar impalpable
> 1/2 cucharadita de sal
> 1/2 cucharadita de nuez moscada o 1 cucharada de canela en polvo

David Washburn

COCINA ENLATADA AL AIRE LIBRE

A continuación, una manera especial de **cocinar hamburguesas**, huevos, o cualquier cosa que **deseemos cocinar al aire** libre. Los materiales que se necesitan **son una lata grande y** vacía (como las de salsa de tomates o **conservas; una lata de** litro y medio estará bien; puede **conseguirla en algún restau-**rante local, ya que ellos las tiran después **de usarlas), algunas** ramas secas, papel para encender el **fuego, fósforos y, por** supuesto, la comida.

Tomemos la lata vacía con el extremo **abierto hacia abajo.** Perforemos un orificio a un costado de **la lata, cerca del extre-**mo opuesto, para que pueda salir el humo. **Encendamos una** pequeña fogata y coloquemos sobre ella la lata, con el extremo abierto hacia abajo. De esta manera **podremos freír la** comida sobre la superficie de la lata. ¡Da **resultado!**

Betty Horgen

Inscripciones que generan interés

Si planificamos con un poco de anticipación, podremos disminuir los costos de un retiro para estudiantes y contar, a la vez, con más dinero disponible para mejorar el programa.

Alrededor de seis o doce meses antes del retiro, debemos solicitar a los chicos los pagos de inscripción. Podemos organizar, para los que se inscriban, un plan de pagos mensuales que finalice un mes antes del retiro. Es más fácil para los chicos conseguir pequeñas cantidades de dinero mes por mes. ¡Y además lograremos generar expectativas acerca del retiro!

Tan pronto recibamos las inscripciones anticipadas, invirtamos el dinero. El interés ganado puede ser utilizado para cubrir los costos del retiro (u otro evento). Por ejemplo, si cobramos $100 por estudiante y esperamos que quince jóvenes asistan, podemos diagramar el siguiente plan de pagos:

- $20 como pago inicial de inscripción, lo que, multiplicado por quince jóvenes, equivale a $300.
- $10 por joven en pagos mensuales durante los siguientes ocho meses; lo que equivale a $1200.
- Si este dinero es depositado en una caja de ahorro que genere el 5% mensual de interés, la inversión producirá unos $28 extras.
- La ganancia aumenta si se deposita más dinero, durante más tiempo, con pagos más frecuentes, a una tasa de interés más alta y contando con un grupo de jóvenes más numeroso.

Hagamos algo mejor todavía. Presentemos estos números a los chicos y permitamos que ellos elijan ofrendar el dinero ganado a un programa de ayuda humanitaria o a las misiones. *Len Cuthbert*

Depósito de suciedad

Si nuestra iglesia alquila o tiene un vehículo propio para los viajes del grupo de jóvenes, seguramente hemos visto la velocidad con que se acumula la basura ahí dentro. Muy a menudo, es el líder de jóvenes el que tiene que cargar con el trabajo de limpiarlo.

¿Por qué no juntamos un poco de dinero para el próximo viaje? Antes del viaje, pidamos una pequeña cantidad de dinero a cada joven como garantía para asegurarnos de tener un autobús limpio. Si al llegar al destino el vehículo está limpio, devolveremos el dinero depositado en nuestras manos a cada uno. Todos perderán su depósito si el vehículo está sucio, aun si no se trata de su propia basura. *Greg Miller*

Cartas de amor

Luego de un retiro breve de fin de semana, escribamos cartas

a los padres contándoles cómo se comportaron sus hijos durante el viaje. Eso será beneficioso para los chicos que nunca causan problemas. Estaremos, de este modo, informando a los padres acerca del comportamiento de sus chicos y a la vez felicitando a los acampantes por su buen comportamiento. *James C. Harville, Jr.*

Tipos de campamentos y retiros

Retiro del tabernáculo

El tabernáculo del Antiguo Testamento era más que un lugar de adoración: simbolizaba la tranquilidad, la reflexión y el estudio.

Se puede planificar un retiro alrededor de estas ideas. Llevemos a un orador invitado que no hable solamente de la adoración personal sino que también guíe al grupo a desarrollar ese hábito. Tal vez el orador pueda basarse en un libro corto que trate sobre la temática. Por supuesto, durante un retiro de este tipo, debemos separar una buena cantidad de momentos tranquilos para que los adolescentes practiquen en soledad lo que el orador enseña.

¡Y asegurémonos de que el programa planificado para el campamento incluya también tiempos de «Tabernáculo grupal» y de «Maná»! *Greg Fiebig*

Encerrados en la iglesia

«Encerrados en la iglesia» es un experimento de educación cristiana diseñado para brindar a los chicos una experiencia intensiva durante una semana. Como meta intenta fortalecer el crecimiento personal, el compañerismo y el estudio. Usualmente estos puntos se trabajan lejos de la iglesia, en un campamento o en un retiro; pero en la experiencia de «Encerrados en la iglesia» los chicos viven propiamente dentro de ella por una semana entera. Si comenzamos un lunes, debemos continuar hasta el sábado, ya sea durante el verano, durante un receso escolar corto, o cuando los chicos estén libres de clases por una semana. Podemos preparar algunos lugares para dormir en catres, colchones inflables, bolsas de dormir, o algún otro modo que elijan los chicos. Podemos preparar todas las comidas en la iglesia o encargarlas (entrega de pizza, u algo similar). Tal vez la última cena, el banquete, pueda ser una comida con las familias de los chicos. Cada familia debe llevar algo para comer y compartir los alimentos entre todos. Luego podrán disfrutar juntos del programa de la noche.

La rutina diaria del programa «Encerrados en la iglesia» puede ser bosquejada a partir del siguiente horario, que fue empleado por un grupo de jóvenes:

8:00-8:30 a.m.: Se sirve el desayuno. Hagámoslo simple: cereales con leche fría y jugo de naranja, por ejemplo. Tal vez podamos preparar huevos revueltos con pan tostado alguna mañana. Antes del desayuno podemos realizar ejercicios para lograr que los chicos se despabilen.

8:30-10:00 a.m.: Tiempo de estudio en la iglesia. Compremos para los chicos un buen libro de texto (de precio accesible) que sirva para cubrir una semana. Elijamos una temática interesante que pueda ser estudiada día a día, por ejemplo, «La vida de Cristo», «Valores cristianos», o «Las siete últimas palabras de Cristo» (para la semana de Pascua). Los chicos deben emplear ese tiempo en leer y estudiar el texto, tomar notas, utilizar sus Biblias, escribir las preguntas que surjan, y cosas por el estilo. Esos momentos están dedicados a un estudio personal.

10:00-12:00 a.m.: Estas dos horas deben planearse para que graben lo aprendido en el bloque anterior de estudio personal. Podemos variar los métodos cada día. Alguna vez organizaremos una visita a la biblioteca pública donde los chicos podrán buscar otras referencias para profundizar su comprensión sobre el tema. En este caso, dedicaremos un tiempo para enseñarles cómo buscar y encontrar libros o publicaciones relevantes para su estudio. Luego los chicos podrán exponer, junto con el resto, lo que hayan encontrado. Otro día podemos proyectar una película relacionada con la temática del estudio, o invitar a un orador especial. Si el Instituto Bíblico o Seminario se encuentra cerca, tal vez los chicos puedan visitar alguna clase, o uno de los profesores pueda impartirles algunos de sus conocimientos. Otras posibilidades son los grupos de discusión, dramatizaciones y otras formas que sirvan para seguir profundizando.

12:00-12:30 p.m.: Almuerzo.

12:30-7:00 p.m.: Para el tiempo libre de las tardes, podemos planear actividades diversas. En verano, cuando hace calor, nadar en alguna piscina pública o privada puede ser parte del cronograma. A continuación ofrecemos algunos otros ejemplos de actividades:

- Proyectos de servicio: Ministrar a los necesitados, efectuar tareas para ayudar a personas discapacitadas de la comunidad o que sufren alguna carencia, realizar trabajos en la iglesia (mantenimiento, reparaciones, pintura), visitar a personas convalecientes.

- Eventos especiales: Búsquedas del tesoro, concurso de barriletes, excursiones en bicicleta, y actividades semejantes.

- Paseos: Realizar una visita a un parque de diversiones, el zoológico, la playa, las montañas, un museo de arte, o algún otro lugar interesante y divertido que no se encuentre demasiado lejos.

- Juegos: Juegos de interiores (juegos de mesa, cartas, pingpong, entre otros). Se le pueden entregar a cada chico veinte tarjetas (o fichas) al comienzo de la semana. Cada vez que pierdan un juego, deben entregar una de las tarjetas al ganador. Al final de la tarde (o de la semana) el que tenga más tarjetas gana un premio.

- Higiene: Un día (como mínimo) debemos permitir a los chicos ir a sus casas o algún otro lugar a bañarse y tal vez, incluso, a dormir una siesta.

7:00-7:30 p.m.: Cena.

7:30 en adelante: Canciones, películas, dramatizaciones, actividades divertidas y de compañerismo, sesiones de rap, debates, invitados especiales (grupos de música, oradores, y otros), tiempos de preguntas y respuestas, y cosas similares.

Una experiencia como «Encerrados en la iglesia» puede resultar en un cambio refrescante con respecto a los campamentos y retiros tradicionales y, en algunos casos, los chicos llegan a apreciar y valorar un poco más el edificio de su iglesia luego de pasar una semana viviendo en él. Además, este es un modo excelente de aprovechar al máximo las facilidades que brinda la iglesia.

Recordemos tener varios consejeros bien entrenados. Una buena proporción es un consejero por cada ocho jóvenes, tal como lo haríamos para un campamento normal. Seamos creativos en todos los puntos de la planificación, ¡y preparémonos para una semana maravillosa! *Gary Smith*

RETIRO DE ORACIÓN

Esta es una idea para un retiro cuya temática principal sea la oración. Los cuatro ingredientes básicos de la oración son: adoración, confesión, acción de gracias y súplica. Cada día podemos enfocarnos en uno de los cuatro ingredientes. El cronograma diario debe incluir un estudio bíblico profundo acerca de la oración y, por supuesto, mucho tiempo para oraciones propiamente dichas. Este tipo de retiro puede dar muy buenos resultados. *Ron Elliot*

CAMPAMENTOS CON DÍAS ESPECIALES

Para hacer que un campamento con adolescentes en sus primeros años de secundaria sea original, designemos cada día con un título especial. Las actividades y el vestuario pueden adaptarse a cada uno de ellos. He aquí algunas sugerencias de jornadas especiales con ideas apropiadas para cada ocasión:

• **Día de la naturaleza:** Excursión, búsqueda del tesoro, picnic, caminata nocturna.

• **Día al revés:** Invirtamos el horario de las actividades, las comidas, usemos la ropa al revés, caminemos hacia atrás cuando nos dirijamos a las actividades.

• **Día de drama:** Tengamos dramatizaciones preparadas y representadas por consejeros, por acampantes y por otros miembros del equipo.

• **Navidad en junio (o julio, o agosto):** Celebremos preparando artesanías para regalar a una persona escogida al azar, de modo que cada acampante haga un regalo y reciba otro. Podemos crear el ambiente con representaciones de Navidad y villancicos. *William Moore*

CAMPAMENTO CON EXPERTOS

Si el campamento es poco numeroso, podemos sacar beneficio de los servicios gratuitos que brindan algunos expertos en la naturaleza. Por ejemplo, un guardabosque o un explorador con gusto llevarán al grupo de excursión por el bosque, les mostrarán cómo identificar las distintas especies de árboles, les enseñarán cómo determinar la edad de un árbol, etc. Un aficionado a los pájaros tal vez pueda enseñarles a observar y a identificar distintas especies de la fauna local. Averigüemos previamente qué servicios gratuitos, relacionados con el conocimiento de la naturaleza, ofrece el gobierno o alguna organización sin fines de lucro; también investiguemos qué especialistas asisten a nuestra propia iglesia. *William C. Moore*

CAMPAMENTOS ESPECIALIZADOS

• **Campamentos viajeros:** Los campamentos viajeros o campamentos de caravana son, sencillamente, conferencias en las que el grupo entero se mueve hacia un nuevo destino cada día. Los acampantes viajan en autobuses, camionetas, autos o bicicletas. Dependiendo del tiempo disponible, el cronograma para cada día incluye el tiempo de viaje, las visitas a lugares turísticos o de interés y una reunión. Algunos días tal vez sean solo visitas y actividades. Lo importante en los campamentos viajeros es tener flexibilidad en los horarios. La mayor parte se va improvisando día a día. Permitamos que el sitio donde nos encontramos determine qué actividades realizar con los chicos. Si el grupo se siente muy agotado, procuremos entonces que pase la noche allí.

• **Viaje a la playa.** Los viajes a la playa pueden ser muy eficaces para introducir a chicos nuevos dentro del grupo de jóvenes de la iglesia. Uno de los modos posibles consiste en transformar el viaje en una experiencia de «uno más uno». Cada joven, para poder asistir, debe invitar a un amigo que no concurra a la iglesia. Previamente al viaje, deberán concurrir a dos reuniones de orientación, en las que se explicarán los pasos básicos para contagiar a otros nuestra fe en Cristo. Para ayudar a afianzar las relaciones en esta propuesta, podemos emplear la idea titulada: «¡Tener amigos es tan hermoso como ir a la playa!» que se encuentra en el capítulo «Planificación» de este libro.

–**Cronograma diario:** Es simple: desayuno, playa, almuerzo, playa, merienda, playa, cena, playa, reunión, descanso nocturno.

–**Comida:** No escatimemos en comida. El mejor modo de organizarlo es armando grupos de diez o doce jóvenes. Cada grupo deberá escoger su capitán de cocina. El capitán tendrá la responsabilidad de ver que su grupo tenga suficientes utensilios para cocinar. Cada acampante llevará su propio plato, vaso, sus cubiertos y también los lavará luego de cada comida. Una carpa servirá para organizar las comidas, que se repartirán en los horarios fijados, entregándoselas a los capitanes de cada equipo solamente.

–**Costos:** Aun con comida de buena calidad, habitualmente se pueden mantener bajos los costos. Lo importante es calcular los pagos de inscripción para que se cubran todos los gastos. Un viaje a la playa no será difícil de organizar con chicos ansiosos de pagar el precio para asistir.

• **Viaje a la montaña:** Esta es otra experiencia que resulta perfecta para el esquema «uno más uno», con los mismos requerimientos para asistir que en el ejemplo anterior. Intentemos alquilar un lugar con habitaciones o un lugar para acampar que no quede muy lejos de las montañas. Podemos conseguir guías para realizar excursiones, organizar un picnic entre los árboles y tal vez aprovechar alguna de las ideas de la propuesta anterior denominada «Campamentos con expertos». Para ayudar a los acampantes a meditar sobre la creación de Dios durante el viaje a la montaña podemos emplear la idea titulada «Boletos para una telesilla santa» que se encuentra en el capítulo «Planificación» de este libro.

• **Campamento de una noche:** Este es un campamento sencillo de organizar Acampemos con el grupo un viernes por la noche en algún lugar cerca de una playa o un lago. Para cenar preparemos hamburguesas con gaseosas. Mantengamos el carácter simple de las actividades. Para el resto de la noche incluyamos una fogata, juegos, canciones y un devocional dirigido por uno de los chicos o por el director de jóvenes. El sábado por la mañana sirvamos algo rico para desayunar con jugo y café. Pasemos el día en la playa o el lago y almorcemos salchichas allí mismo. Que los chicos regresen a sus casas el sábado por la noche.

CAMPAMENTO «LOGOS»

Esta es una propuesta diferente para un campamento de verano. Este «Seminario de verano sobre vida cristiana» llamado «Logos» se enfoca más en fortalecer al cuerpo de Cristo que en la evangelización, temática común en la mayoría de los campamentos. Un extracto del folleto informativo sobre el campamento muestra esta idea: «El propósito del Seminario de verano es equipar a los miembros del grupo con las pautas necesarias para que brillen como verdaderos faros para Dios en un mundo oscuro y agonizante, a través de una relación diaria más vital y comprometida con él y con los otros miembros del cuerpo de Cristo». Cada día en este campamento debemos incluir tres secciones principales:

• Hacia arriba: La relación del cristiano con Dios.
• Hacia fuera: La relación del cristiano con el no creyente.
• Hacia adentro: La relación del cristiano con el cuerpo de Cristo. *Bob Griffin*

¡CONCÉNTRENSE, AMIGOS!

Organicemos un retiro de estudio de fin de semana con un máximo de enseñanza, estudio bíblico, discusión y planificación; y un mínimo de diversión o juegos. Invitemos a los adolescentes que en verdad deseen dedicarse a esto por un par de días. Este retiro es particularmente adecuado al comienzo del año escolar. ¡Y no olvidemos los tentempiés y bocadillos para animar el estudio! *Richard McPherson*

CAMPAMENTO DE PADRES Y ADOLESCENTES

La siguiente idea fue empleada, con muy buen resultado, para establecer un ministerio familiar en el programa de jóvenes. El requisito para asistir al retiro consistía en que hubiera al menos un adolescente y un padre o madre de la misma familia. Un campamento así puede comenzar el viernes a las nueve de la noche y finalizar el sábado a las ocho de la noche. Este programa de corta duración permitirá que los padres puedan dejar con mayor facilidad sus ocupaciones para asistir y también ayudará a mantener los costos bajos.

Viernes:	9:00 p.m.	Actividades con el orador invitado, rompehielos y película divertida para disfrutar todos juntos.
	10:00-10:30 p.m.	Refrigerio.
Sábado:	8:00 a.m.	Desayuno.
	9:00 a.m.	Reunión de padres con el orador invitado y adolescentes con el líder de jóvenes.
	10:00 a.m.	Descanso
	10:30 a.m.:	Reunión todos juntos con el orador invitado.
	11:30 a.m.:	Recreación.
	12:15 p.m.:	Almuerzo.
	1:30 p.m.:	Película o actividad.
	2:00 p.m.:	Discusiones en grupo.
	3:00 p.m.:	Tiempo libre.
	5:00 p.m.:	Merienda.
	6:00 p.m.:	Partida de regreso a casa.

La primera noche, algunas dinámicas para romper el hielo y una película entretenida ayudarán a todos a relajarse, especialmente a los padres. Podemos llevar un orador invitado que tenga experiencia con las familias para que predique un breve mensaje; y luego pasar el resto de la noche simplemente en comunión. Hagamos que los padres compartan habitaciones con los hijos y las madres con las hijas. Se puede organizar esto de cualquier forma que lo deseemos.

Figuran dos reuniones en la agenda del día siguiente. La primera puede llevarse a cabo para los padres y adolescentes por separado, con charlas individuales. Luego, todos deberán reunirse en un solo grupo para una sesión de conversación con el orador invitado. La recreación puede incluir voleibol (será muy divertido si los padres toman la mano de sus hijos todo el tiempo). El básquetbol también puede ser un buen juego familiar: padres e hijas contra madres e hijos.

Durante la tarde, podemos proyectar una película o coordinar una actividad que promueva un debate acerca de la comunicación dentro de la familia. Luego de esto, cada familia deberá agruparse para hacer un análisis sobre las presiones en su hogar. Usualmente lleva bastante tiempo hacer funcionar esta actividad, pero los resultados son maravillosos. Luego de tres cuartos de hora, todas las familias volverán a reunirse nuevamente para contar lo que lograron a través de esta reflexión. Dejemos que conversen acerca de las maneras en que las familias pueden hacer las cosas para llegar a comprenderse mejor unos a otros. Que los chicos también expresen lo que les agrada hacer con sus padres o lo que les gusta de sus padres y viceversa. Para ser un retiro corto es bastante eficaz y los resultados a largo plazo pueden ser muy provechosos. *Jim Grindle*

RETIRO A CIEGAS

Hay muchas experiencias que ayudan a movilizar a los jóvenes con las problemáticas de los demás. La propuesta que sigue es ideal para este propósito, pero requiere una planificación cuidadosa y una preparación adecuada de los participantes. Los chicos, durante el retiro, tendrán los ojos vendados con gasa por un período de dieciocho horas. En ese tiempo, solo los líderes de cada grupo podrán ver, y deberán ayudar a los chicos a manejarse sin el sentido de la vista. Los adolescentes deben comer, dormir, jugar y comunicarse sin el uso de sus ojos durante todo ese período de tiempo.

Produce resultados asombrosos. Para algunos chicos, la experiencia es extremadamente desesperante y debemos permitirles retirarse los vendajes si ellos no pueden soportarlo más. Pero los chicos que resistan hasta el final serán capaces de comprender mejor la situación y los sentimientos de las personas ciegas; también valorarán la belleza del sentido de la vista. Los chicos, de hecho, mejoran su habilidad para manejarse a ciegas a medida que pasa el tiempo, pero sin duda aprenden lo que significa el depender de otros.

A continuación de la experiencia podemos organizar una charla, un estudio acerca de pasajes de las Escrituras relacionados con la ceguera y un culto de adoración para agradecer a Dios por el sentido de la vista y por la belleza de su creación.

Recordemos tomar todas las precauciones de seguridad necesarias para prevenir accidentes que podrían ocurrir si los chicos chocaran con cosas, tropezaran, o se cayeran.

CAMPAMENTO ESTILO CARAVANA

Una variante moderna de esta antigua costumbre puede generar una experiencia diferente y divertida en cuanto a campamentos. Necesitaremos usar un campo abierto y disponer de varios camiones, remolques o casas rodantes. Estacionemos uno al lado del otro en forma de círculo. Encenderemos una fogata en el centro del círculo, con mucha comida, chocolate caliente, juegos, canciones y una reflexión espiritual. Es un excelente retiro para una noche. *Danny Dye*

CAMPAMENTO CON PUERTA GIRATORIA

Muchas veces cuando planeamos un campamento, descubrimos que algunas personas no pueden asistir una semana entera debido a sus trabajos o por cuestiones financieras, pero que quisieran venir por algunos días, o durante la mitad del campamento. Habitualmente eso solo genera problemas, ya que en la mayor parte de los programas de campamentos nos gusta tener algo de continuidad, y esto es difícil cuando las personas van y vienen.

¿Pero qué pasaría si directamente planificáramos un campamento con esto en mente? Resultaría especialmente adecuado para los jóvenes mayores, como los estudiantes universitarios, que a menudo tienen compromisos laborales o de estudio. Organicemos un campamento al cual los jóvenes puedan llegar cuando quieran. Busquemos un lugar que quede cerca, cobremos por comida o por día (o noche), y planifiquemos programas y actividades que puedan ser realizados por cualquier número de personas y que no sigan un orden de correlatividad de ningún tipo.

Un grupo hizo esto, reservando un terreno para acampar en una playa local durante el verano. Levantaron una gran tienda de campaña para suministrar la comida y para que los chicos pudieran cambiarse de ropa. Los acampantes simplemente llevaban una bolsa de dormir y dormían afuera. Todos cocinaban sus comidas en fogatas o en pequeñas cocinas para campamento y, en forma global, la respuesta fue mejor que en cualquier otro campamento anterior de ese grupo. Uno o dos matrimonios permanecieron allí toda la semana, pero ellos fueron los únicos que acamparon a tiempo completo. Todos los demás llegaron cuando podían. Usemos toda nuestra creatividad. Un campamento de este tipo puede convertirse en un verdadero éxito para nuestro grupo también. *Wilber Griffith*

LA PARED DEL CAMPAMENTO

¡Utilicemos la presión del grupo a nuestro favor! Promovamos la inscripción al campamento creando una «pared del campamento». Sobre un lado del salón en donde realizamos las reuniones, decoremos la pared con creatividad. Por ejemplo, cubrámosla con papeles o telas coloridas y luego dibujemos o peguemos sobre esto el logotipo del campamento, fotos del año anterior, y otras cosas. Llamemos a la pared con el nombre del campamento: Pared del desafío en la playa, Pared del encuentro de compañerismo, o como lo deseemos.

La mayor parte de la pared, sin embargo, estará dedicada al listado con los nombres de los adolescentes. A medida que se inscriban, resaltaremos de alguna manera sus nombres en la pared. Los chicos estarán sumamente deseosos de ver sus nombres iluminados, especialmente si los nombres de alrededor ya lo están. *Ron Sylvia*

PIZARRA POSITIVA

Los campamentos y retiros son habitualmente experiencias positivas para un grupo de jóvenes. Así que, ¿por qué no beneficiarnos con esto durante todo el año? Confeccionemos con nuestro grupo una «Pizarra Positiva», un tablero o cartelera reservada para fotos, recuerdos de campamentos pasados, retiros compartidos y otras experiencias positivas que el grupo haya vivido. Si en algún momento alguien se sintiera un poco deprimido, debería animarse al mirar la «Pizarra Positiva». *Donna McElrath*

¿QUÉ OCURRIÓ VERDADERAMENTE?

Ayudemos a los chicos que no asistieron al último retiro a sentirse incluidos en el grupo. Podemos jugar en la siguiente reunión a «¿Qué ocurrió verdaderamente?». Organicemos esta actividad como si fuera un programa de entretenimientos de la televisión. Los concursantes serán aquellos que no estuvieron en el retiro. Debemos sentar a esos chicos detrás de una mesa y entregarles dos tarjetas a cada uno: una que diga «Verdadero» y otra que diga «Falso».

Luego, aquellos que asistieron al retiro, uno por vez, harán declaraciones acerca de cosas que sucedieron… y de otras que supuestamente sucedieron. Los participantes deberán levantar en alto la tarjeta que refleja su opinión acerca de cada declaración. Podemos también llevar la cuenta de los puntos y entregar premios, incluyendo uno especial para aquel cuya declaración logre confundir a todo el panel de participantes. *Cinda Gorman*

SACOS DE DORMIR

Una forma creativa de anunciar un «pijama party», un retiro de una noche, o un campamento, es enviar las invitaciones en un saco de dormir.

Pidamos a un adulto o joven que sepa coser, que realice pequeños sacos individuales para cada tarjeta de invitación. Deben coserse juntos dos retazos de tela (uno estampado y uno liso, de 16 x 24 centímetros) para fabricar un mini saco de dormir.

NO OLVIDE...
Traer su saco
de dormir
Abril 16
Abril 17

Instrucciones de costura:

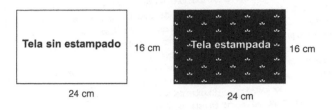

Tela sin estampado — 16 cm — 24 cm

Tela estampada — 16 cm — 24 cm

Enfrentar los derechos de ambas telas. Coser tres de los lados, dar vuelta, coser el lado restante. Quedará un rectángulo con el derecho de ambas telas hacia fuera. Doblar el rectángulo a la mitad (por su lado más largo), con la tela estampada hacia adentro. Coser primero el lado largo y luego el lado más corto sin llegar hasta el final. De esta manera parecerá un saco de dormir.

Las invitaciones pueden deslizarse dentro del saco de dormir, con una cara adormecida dibujada en la parte superior. Repartamos estas invitaciones o coloquémoslas sobre una mesa para que los chicos puedan tomar las que necesiten y entregárselas a sus amigos. *Annette W. Glosson*

REGRESO FELIZ

Los jóvenes a menudo se ven desilusionados cuando regresan a sus casas luego de un campamento, ya que sus familias o sus padres no están preparados para recibirlos adecuadamente. Los chicos que estuvieron fuera de casa para asistir a un campamento de una semana a menudo viven experiencias «picos de montaña» que son muy significativas e importantes para ellos, pero cuando regresan a casa, nadie parece darse cuenta. Esto a menudo los lleva a frustrarse y a preguntarse si verdaderamente ocurrió en ellos algo importante.

La situación puede evitarse enviando una carta a los padres de cada joven antes de que comience el campamento, para alertarlos sobre esta problemática. Una carta así puede ayudar a los padres a ser más sensibles a las necesidades emocionales de sus hijos cuando regresan a casa luego de un campamento. Aquí sugerimos un posible formato.

Por supuesto, tal vez debamos adecuar esta carta a nuestra propia situación y a los detalles del campamento o retiro que estamos organizando. Las cartas pueden ser escritas en forma individual, o podemos simplemente imprimir una carta modelo para grupos más grandes. Este acercamiento ayudará a los chicos en esa transición del «pico de montaña» al mundo real. *Gail Harris*

Queridos Padres:

Nosotros, en el grupo de jóvenes de _ _ _(nombre de la iglesia)_ _ _, creemos que el ministerio juvenil incluye no solo a los jóvenes mismos, sino también a sus familias. Por eso, queríamos aprovechar esta oportunidad para dialogar con ustedes un poco acerca del campamento al cual asistirá su hijo esta semana. Nosotros esperamos que esos días provoquen un verdadero crecimiento en los jóvenes y que su hijo experimente el amor de Dios de un modo nuevo y emocionante.

¿Qué haremos en el campamento? Bueno, habrá muchas actividades, pero la más importante de todas será la reunión de la noche, en nuestras fogatas. Hemos convocado a un orador invitado, _ _ _(nombre del orador)_ _ _, que les predicará a los chicos un mensaje cada noche. En estas reuniones, y en pequeños grupos por las habitaciones, alentaremos a nuestros jóvenes a lo largo de la semana a pensar seriamente acerca de su relación con Cristo y a hacer o renovar un compromiso con él.

Hay grandes probabilidades de que su hijo tenga lo que a veces llamamos una experiencia «pico de montaña» mientras se encuentra en el campamento. Así que es importante que nuestros jóvenes regresen a un ambiente cálido y acogedor. A pesar de que las vidas de ustedes, probablemente, no cambien durante esa semana, su hijo adolescente estará cuestionándose, y buscando realizar algunas decisiones importantes.

Él vivirá una «revolución» emocional y tal vez quiera expresarles algunos de sus pensamientos y sentimientos a ustedes. Su hijo volverá diferente, aunque tal vez solo por unos pocos días o unas pocas semanas. Cuando las emociones originadas en el tiempo que pasaron cerca de sus amigos y de Dios se vayan disipando, ustedes podrán alentar a su hijo a aplicar lo aprendido y ofrecerle su apoyo simplemente por escucharlo.

Nosotros amamos mucho a nuestros jóvenes y esperamos construir una relación duradera y positiva tanto con ellos como con ustedes.

Atentamente en Cristo,
Firma del líder de jóvenes

CARRERAS DE CARROZAS

Esta es una buena idea si organizamos un campamento que incluya varios grupos de jóvenes o si planeamos tener competencias por equipos y deseamos generar un poco de entusiasmo antes del campamento. Enviemos un aviso a los grupos participantes pidiéndoles que cada uno construya una carroza, que pueda ser llevada al campamento, para la colosal carrera que se disputará allí. Las carrozas pueden construirse con cualquier material y deben estar diseñadas para que cuatro personas tiren de ellas mientras una viaja encima. Luego de la carrera con las carrozas, podemos entregar premios a la más imaginativa, al mejor diseño, a la más fea, y otras categorías que nos parezcan. Los grupos pueden ser de cualquier tamaño, en el caso de los muy numerosos, pueden llevar una carroza cada diez personas. Esta actividad no solo resulta muy divertida, sino que también ayuda en gran manera a la promoción del campamento. *John Tolle*

CARAS EN LOS PIES

En el próximo viaje largo que debamos realizar para ir o volver de un campamento, llevemos algunos marcadores de colores con puntas de diversos grosores. Permitamos que los jóvenes con talento artístico creen dibujos disparatados en los pies de quienes se ofrezcan como voluntarios. No olvidemos tomar fotografías de las obras de arte terminadas, para exponerlas en una cartelera. *Richard Moore*

PASEO DE COMPRAS

Realizar las compras todos juntos es una buena idea para ahorrar mucho tiempo y comenzar de modo divertido el retiro de fin de semana. En lugar de comprar toda la comida por anticipado y transportarla en paquetes voluminosos con cajas que chorrean líquido, compremos lo necesario en un supermercado cercano al lugar del retiro. Todo el grupo de jóvenes puede participar. Luego de dejar los bolsos en el campamento, repartamos pequeñas listas de compras con dos o tres productos para llevar hasta los carros de compras designados, que estarán bien señalizados y ubicados cerca de las cajas registradoras. ¡Entreguemos premios al comprador más veloz y a aquel que encuentre la mejor oferta! *Stephen Williams*

PAQUETES PARA EL VIAJE

Una buena forma de pasar el tiempo durante los viajes largos es entregar a cada persona un paquete creativo para el viaje, lleno de sorpresas, como las siguientes:

• **Guía de viaje:** Preparemos un libro que contenga una lista de consejos para el viaje, un itinerario, canciones nuevas para aprender durante el recorrido, una carta del pastor de jóvenes, anuncios de futuros eventos del grupo, una página de reglas (normas para el viaje), y hojas libres para realizar anotaciones, escribir pensamientos devocionales y coleccionar autógrafos o direcciones de amigos.

• **Un folleto del centro de retiros o del hotel en el que nos alojaremos.**

• **Un casete o CD de música cristiana:** Consigamos música de oferta en alguna librería cristiana local, o en alguna compañía discográfica que desee promocionar a uno de sus artistas.

• **Rompecabezas y juegos:** Podemos incluir algunos que requieran trabajo en equipo. Siempre tengamos previstos los premios para los ganadores.

HABICHUELAS ALENTADORAS

En un viaje prolongado en autobús, o durante el retiro, podemos divertirnos y al mismo tiempo enseñar al grupo cómo alentarse unos a otros y elogiar las buenas acciones de los demás. Para comenzar, debemos entregar a cada adolescente veinte habichuelas. Expliquemos que pueden ganarse más habichuelas de las siguientes formas:

• Diciendo palabras sinceras, halagüeñas o alentadoras a otra persona. Pero la adulación no será recompensada. Es decir, que no valdrá pronunciar palabras de alabanza hacia otro para obtener una ganancia personal.

• Por acciones amables y de ayuda a los demás.

• Por tener buenas actitudes mientras se trabaja o participa en actividades grupales.

Las habichuelas serán otorgadas por los líderes bajo las siguientes condiciones:

• Cuando vean a un joven alentar a otros a través de sus acciones, palabras o actitudes.

• Cuando un joven observe acciones, palabras o actitudes alentadoras en otro y se lo comunique a un líder. En este caso quien realice la acción ganará una habichuela y tal vez quien la reporte también.

Las habichuelas pueden ser confiscadas por los líderes cuando presencien acciones, palabras, o actitudes que provoquen desaliento o desánimo (por ejemplo, criticas, quejas, burlas dirigidas a alguien, faltas de respeto).

Los chicos que resulten receptores de una acción, palabra, o actitud desagradable podrán solicitar una habichuela al causante, siempre y cuando no devuelvan la mala acción y lo hagan amablemente, con una sonrisa, extendiendo sus manos para recibir la habichuela.

Esto es lo que puede hacer un joven cuando observa acciones, palabras, o actitudes desalentadoras:

1. Si un observador va con el chisme a un líder, ese chismoso pierde una habichuela, que deberá entregar al líder.

2. Antes de denunciar a una persona, el observador debe exhortarla a que se presente voluntariamente ante el líder y que le confiese la acción, palabra, o actitud desagradable, o que lo haga con él mismo.

3. Si el responsable del hecho se niega a aprovechar esa primera oportunidad de admitir lo que hizo mal ante un líder u otro joven, entonces el observador puede denunciarlo ante un líder sin incurrir en la penalidad de chisme.

4. Si el responsable del daño admite lo que hizo mal, pierde una habichuela; si se niega a admitirlo y en consecuencia es acusado, entonces pierde dos habichuelas.

Para recordarles a los chicos que alentar y ser amables con otros tiene su recompensa, anunciemos que aquellos que tengan más habichuelas al final del viaje o del retiro recibirán premios. *Ed Laremore*

ÁNGELES GUARDIANES

Esta es una propuesta útil para ayudar a consolidar las relaciones tanto en los campamentos como en los retiros. En el primer encuentro, asignemos a cada uno un compañero del mismo sexo. Las parejas deben estar conformadas por personas que no se conozcan mucho. Expliquemos que cada chico será el ángel guardián de su pareja; deberán sentarse juntos en determinadas reuniones y comer ciertas comidas también juntos. Tendrán que orar el uno por el otro y realizar al menos un acto de servicio cristiano por el otro durante el retiro. Al final de la estadía, pedir a algunos de los jóvenes que describan la experiencia. Hay grandes probabilidades de que los chicos formen amistades duraderas.

También, los ángeles guardianes pueden ser asignados en forma secreta y los actos de bondad ser realizados anónimamente. Las identidades se revelarán al final. *Paul Tonna*

CUPONES CHIFLADOS

En los retiros podemos distribuir talonarios de cupones oficiales a todos los adolescentes. Estos son maravillosos para provocar risas y promover que las personas interactúen entre ellas. Las únicas reglas son:

- Nadie puede negarse a canjear un cupón cuando se lo solicitan.
- Cada uno de los cupones debe ser empleado para una persona diferente.
- La otra persona debe firmar el cupón cuando cumpla con lo solicitado, pero cada uno puede conservar sus cupones como recuerdo. *Carolyn Roddy*

GRUPOS DE VERSÍCULOS

Una alternativa para formar pequeños grupos en un retiro consiste en escoger anticipadamente algunos versículos de la Biblia y escribir una o dos palabras de cada versículo en distintas tarjetas (8 x 12 centímetros), dependiendo de la cantidad de personas que se necesiten por grupo. Escribir en una tarjeta el nombre del libro y en otra el capítulo. Finalmente, mezclar las tarjetas y entregarle una a cada adolescente. Luego concederles a los chicos un tiempo para armar los versículos. Cada grupo quedará conformado por los adolescentes que hayan reunido las partes de un mismo versículo. *Jim Shewmaker y Steve Kraftchick*

EJEMPLO: Juan 15:1

ES LA HORA DE LOS ABRAZOS

Informemos a los acampantes sobre una nueva regla para todos. Cuando ellos oigan la alarma de nuestro reloj sonar, deben gritar: «¡Es la hora de los abrazos!» y abrazar a la mayor cantidad de personas posible, antes de que la alarma se detenga. Llevemos el reloj siempre a todos lados y hagámoslo sonar cuando algún grupo de chicos, numeroso o pequeño, se encuentre cerca de otro. *Jan Schaibl*

AMIGOS FRÁGILES

Este ejercicio puede sensibilizar a los chicos acerca de la fragilidad de otras personas y de la importancia de ser amables los unos con otros. Es apropiado llevarlo a cabo tanto en campamentos como en retiros.

Debemos entregarle a cada persona un huevo crudo y pedirle que intente retirar el contenido del huevo sin romper el cascarón. Para eso, se deben perforar los dos extremos del huevo con un alfiler o un clavo. Luego cada uno tiene que soplar por uno de esos pequeños agujeros hasta vaciar todo el contenido, dejando solo las cáscaras huecas. Podemos sellar los orificios con un poco de cera de vela y guardar el contenido de los huevos para el desayuno del día siguiente.

Conversemos acerca de la fragilidad de los cascarones y comparémosla con la delicada naturaleza de nuestras relaciones con otras personas. Luego, con algunos marcadores de punta fina, los jóvenes escribirán sobre las cáscaras de huevo. Cada uno deberá poner allí los nombres de varios chicos del grupo, con mucho cuidado para que no se rompan.

Los jóvenes tendrán que llevar los cascarones consigo todo el día, o durante un período de tiempo establecido. Cada uno debe proteger su cascarón, hasta que finalice el tiempo fijado y los líderes los recojan. Se puede finalizar debatiendo acerca de cómo se relaciona esta actividad con el tema de proteger nuestras relaciones. *Audrey Quinn*

CRONOGRAMA BÍBLICO

Utilicemos este ejercicio de campamento para lograr que los jóvenes se acerquen a las Escrituras apenas desciendan del autobús. Entreguemos a cada acampante un horario que contenga pistas acerca del cronograma de la semana. Los chicos deben buscar en la Biblia las respuestas a esas pistas. Agreguemos o cambiemos versículos u horarios según sea necesario.

Ejemplo de Cronograma Bíblico

7:00 a.m.: Jonás 1:6 (¡A levantarse!)

7:45 a.m.: Salmo 5:3 (Oración matutina y alabanza)

8:00 a.m.: 1 Timoteo 6:8 (Desayuno)

8:30 a.m.: Juan 9:4 (Tareas)

9:00 a.m.: Salmo 8:3a (Proyecto de artesanías)

10:00 a.m.: 2 Timoteo 2:15 (Clase)

11:00 a.m.: 2 Samuel 2:14 (Recreación)

12:00 p.m.: Efesios 5:19 (Capilla)

12:45 p.m.: Mateo 4:4 (Almuerzo)

1:30 p.m.: 2 Tesalonicenses 3:10 (Tareas)

2:30 p.m.: Job 40:20 (Recreación)

4:30 p.m.: Lucas 11:41b (Limpieza del campamento)

5:30 p.m.: Apocalipsis 19:9 (Cena)

6:30 p.m.: 2 Crónicas 34:12a (Tareas)

7:00 p.m.: Salmo 42:8 (Oración vespertina)

7:45 p.m.: Salmo 100:1-2 (Música)

8:30 p.m.: Zacarías 8:5 (Recreación)

10:00 p.m.: Salmo 63:5-7 (Devocionales nocturnos)

10:30 p.m.: Salmo 139:8 (Preparativos para ir a la cama)

11:00 p.m.: Salmo 4:4 (Se apagan las luces)

Herbert E. Saunders

RECUERDOS PERSONALES

Para el próximo retiro, juntemos los siguientes materiales: papeles de colores, lapiceras, lápices, marcadores, crayones, revistas, tijeras, goma de pegar, cinta adhesiva e hilo. Luego escribamos los nombres de todos los participantes del retiro en trozos de papel. El primer día, hagamos que cada persona tome un nombre sin mirar. El nombre que le toque a cada uno se convertirá en su amigo secreto durante todo el fin de semana.

Los chicos tendrán a su disposición los materiales para armar un Libro de Recuerdos durante el tiempo libre. Pueden llenarlo con fotos, dibujos, poesías, versículos bíblicos y comentarios sobre información que hayan obtenido sobre su amigo secreto. Pueden incluir lo que más les gusta o admiran de esa persona, sus talentos, aquello con lo que contribuyen al grupo,

lo que más extrañan cuando no está presente… y cualquier otra cosa que haga sentir bien al amigo secreto. Uno de los objetivos es que todos mantengan en misterio los nombres de sus amigos secretos, e intenten conocer mejor a esa persona sin ser descubiertos (lo cual permitirá que conozcan a otras personas para disimular).

Al final del retiro podemos reunir a todos para un culto de oración y apartar un tiempo para exponer los libros confeccionados. Es enriquecedor que se muestren de a uno por vez para que todos puedan disfrutar viendo a los demás leer sus libros. El que recibe un libro, debe entregar el que diseñó a su amigo secreto. Cerremos el culto de oración con una canción conocida por todos. *Mary Kay Fitzpatrick*

LAS BIENAVENTURANZAS DEL RETIRO

Cuando nuestro grupo salga para su próximo retiro, tengamos copias de las Bienaventuranzas del retiro que aparecen en la página 33, listas para ser distribuidas a todos los jóvenes y consejeros. Coloquemos también una copia en algún lugar visible de cada habitación. *Dave Carver*

SUBASTA PÚBLICA

Esta es una buena actividad para un campamento, que los chicos disfrutarán muchísimo. Con anterioridad debemos pedir a cada uno de los miembros del equipo de líderes que done un talento o servicio para ser subastado. Asegurémonos de que todos los miembros del equipo estén de acuerdo con las ideas que surjan y que todos cumplan con la oferta que realicen en cuanto a sus talentos o servicios.

Esta lista de ejemplos fue pensada para un campamento donde los chicos mantenían los pequeños grupos de sus habitaciones para diversas actividades. En la subasta, los chicos hacían sus ofertas por grupos:

• Marcos preparará palomitas de maíz y las servirá durante la fogata de la noche al grupo que pueda pagar el precio.

• Sara, vestida con un traje propio de una reina, los paseará por turnos en bote por el lago durante una hora, ¡y remará ella!

• Juan llevará a uno de los grupos fuera del campamento para tomar un helado.

• Karen, Raúl y Ester disfrazarán de artistas al grupo que los gane en la subasta y cantarán con ellos durante la cena del sábado.

• Catalina está dispuesta a servir el desayuno en la cama a cualquier habitación que pueda pagar el precio.

• Julia y Marina servirán una cena con velas, completada con vestidos de gala y flores sobre la mesa.

• Cintia, Erica y José cantarán al grupo una serenata de canciones seleccionadas de nuestro cancionero y luego arroparán a cada miembro del grupo a la hora de dormir.

• Joel y Linda, nuestros salvavidas, organizarán una fiesta nocturna privada de chapuzones para el grupo que ofrezca más.

• Muriel les leerá cuentos antes de dormir.

• Andrés organizará una noche para acampar bajo las estrellas, con fogata incluida.

Los consejeros pueden sentarse con sus grupos para ayudar a supervisar las ofertas. Designemos un subastador oficial para que lleve adelante el proceso. También precisaremos alguien que tome nota para que lleve registro del dinero gastado y las ofertas ganadas.

Debería asignarse una cantidad igual de dinero falso o «campa-pesos» a cada grupo para que puedan realizar sus ofertas. Si estamos recaudando fondos para algún proyecto, podemos utilizar dinero real.

Si nos aseguramos de que todas las ofertas en la lista resulten atractivas para los acampantes, ¡será un éxito rotundo!

Eileen Thompson

PLANIFICACIÓN

VELA DE LA AMISTAD

Encender una vela de la amistad es una buena manera de comenzar un retiro o campamento. Debemos conseguir una vela que pueda durar encendida todo el tiempo del retiro. En la primera reunión general del grupo, pidamos a una persona que encienda la llama y que la coloque en un lugar en el que pueda ser vista por todos en forma frecuente. Luego expliquemos a los adolescentes que será un recordatorio de todas las cálidas amistades que se están formando mientras están aquí juntos.

La última noche del campamento, pidamos al grupo que forme un círculo, cada uno sosteniendo una pequeña vela. Con la llama de la vela de la amistad, encendamos una de las velas pequeñas para luego pasar el fuego. Cerremos la reunión con un comentario semejante al siguiente: «La calidez y la luz de las amistades que se construyeron aquí permanecerán con nosotros sin importar cuántos kilómetros puedan separarnos. Así que ya no necesitamos más la llama de nuestra vela de la amistad, porque la llama está ahora en nuestros corazones».

Luego apaguemos la vela de la amistad y terminemos con una oración o una canción. *Jan Schaible*

COMUNIÓN FAMILIAR

Esta puede ser una experiencia muy significativa para las familias durante un retiro de hijos y padres. A continuación de un mensaje en el cual se haya enfatizado sobre la importancia de la familia y de los devocionales familiares, permitamos que cada una tenga un tiempo de comunión para fortalecer la unidad familiar. Entreguemos a los padres los elementos para la comunión y a las madres una vela. Cada familia luego deberá buscar un lugar dentro del campamento para estudiar juntos las Escrituras y participar de la comunión. Luego de aproximadamente quince minutos, volvamos a reunir a todas las familias para un culto de cierre alrededor de una fogata. Los padres podrán encender la fogata con la vela de cada familia. *Chester P. Jenkins*

CRISTIANOS EN LAS CATACUMBAS

Esta propuesta da buenos resultados para alguna noche de un retiro o en el programa «Encerrados en la iglesia». Los adolescentes deben tener los ojos vendados. Llevemos al grupo a un lugar misterioso, preferentemente un sótano o una cueva, oscuro y con olor a encierro, iluminado por velas solamente. Una vez allí, les permitiremos quitarse las vendas de los ojos. Pidamos a los chicos que permanezcan callados. Los líderes adultos deben usar vestimentas como las de los primeros cristianos, o ropas sucias y raídas para indicar una vida de privaciones y sufrimiento.

Si no podemos encontrar un lugar que parezca una cueva o una catacumba, entonces busquemos un lugar que se sien-

Las Bienaventuranzas del retiro

Bienaventurados los varones que permanezcan en las habitaciones de varones y también el varón que no ingrese a las habitaciones privadas del sector de mujeres, porque él vivirá largos años y prosperará. Él también recibirá el permiso para permanecer aquí todo el fin de semana. Pero castigo traerán sobre ellos mismos aquellos que se encuentren en la habitación equivocada. Sí, tanto varones como mujeres deberán permanecer en los lugares apropiados.

Bienaventurados serán los jóvenes que lleguen puntualmente a las comidas, porque no serán llamados «lavadores de platos».

Bienaventurados aquellos que sean llamados «amantes del silencio», porque harán muchos amigos en estas tierras. Pero castigo hallarán aquellos que molesten a otros con sus radios o elementos similares. Verdaderamente os digo, vuestras baterías podrán ser arrancadas de vuestras manos si se precisare más que un simple pedido para que bajen el volumen o detengan sus músicas.

Bienaventurados aquellos que recojan cualquier basura que vean, porque los consejeros y líderes les sonreirán. Pero, ¡ay de aquellos que vayan por la vida dejando envoltorios de golosinas por el suelo y basuras entre los arbustos! Porque de seguro os digo que se os asignarán las peores tareas de limpieza. Creed esto, ya que no son amenazas vacías, sino más bien promesas de seguro cumplimiento.

Bienaventurados aquellos que no se acerquen a las aguas salvo que tengan autorización expresa, sino que más bien permanezcan secos la mayor parte del tiempo. Porque, ¡qué terrible sería para alguno caer a las aguas heladas y no tener quién lo rescate! Os aseguro que para esa persona sería mejor no haberse acercado nunca a los lugares prohibidos.

Bienaventurados aquellos que participen de todo corazón en los juegos, canciones, lecciones, comidas y en todas las actividades del retiro, porque de seguro serán llamados «aquellos que saben cómo divertirse», y su nombre será conocido por todas estas tierras. Pero para aquellos que no quieran jugar nuestros tontos juegos, el castigo será el aburrimiento.

ta por el estilo y pidamos a los chicos que permanezcan con los ojos vendados durante toda la experiencia.

Luego de llegar al lugar, recitemos de memoria o leamos la narración de la página 36. Adaptémosla a la situación según resulte conveniente.

Luego de un tiempo de estar en comunión y de cantar, volvamos a vendar los ojos de los jóvenes y llevemos al grupo de regreso a la iglesia o a la ubicación originaria; pidámosles que hagan silencio mientras se retiran. Una vez de regreso, podemos conversar con ellos acerca de la experiencia vivida: cómo se sintieron, qué aprendieron, qué hubieran hecho ellos de haber vivido en esos tiempos, y cuestiones similares. *Denny Finnegan*

ÁRBOLES PERSONALES

Algunas veces los adolescentes necesitan ser separados de sus amigos íntimos durante los retiros para poder escuchar la voz del Señor. Un modo creativo de hacer esto es asignarle a cada miembro del grupo un árbol de los alrededores o un lugar especial para tener tiempos a solas. Expliquemos con anterioridad que la razón para hacer esto no es separarlos arbitrariamente de sus amigos sino proporcionarles una oportunidad que probablemente ellos no buscarían por sí mismos: la oportunidad de escuchar a Dios y meditar en su Palabra.

Podemos hacerlo más interesante si colocamos en cada árbol el itinerario para cada día, o la lectura matutina, o algunas instrucciones secretas; de modo que los chicos encuentren los mensajes cuando lleguen allí en la mañana. O incluso podemos utilizarlos como lugares de distribución de pequeños regalos de los amigos secretos.

Una variante de esta propuesta es permitir a los acampantes un tiempo para escoger su árbol personal dentro del área del campamento y señalizarlo de alguna forma (sin lastimar el árbol). Pueden colgar un distintivo personal o clavar junto al árbol una estaca con su nombre. Cada día los adolescentes irán a su árbol durante el tiempo designado para la meditación personal. Este árbol será suyo durante todo el campamento. Junto a él podrán disfrutar de momentos tranquilos y de meditación. Algunos de los mensajes que prediquen los líderes del campamento, antes del tiempo devocional, pueden estar centrados en los árboles de la Biblia (por ejemplo: Zaqueo y el sicómoro, el Jardín del Edén y el Árbol de la Vida, el árbol en cuya madera fue crucificado Jesús, etc.). El texto puede ser meditado luego por los acampantes en forma individual. *Michael W. Capps y Frederick H. Schaffner*

CAFÉ CONCERT

Una maravillosa actividad para una noche de campamento es organizar un café concert. Al comienzo del campamento dividamos a los acampantes en grupos de siete personas cada uno, aproximadamente. Pidamos a los grupos que preparen una presentación para un café concert. Puede ser una pequeña dramatización, una canción, una lectura, o alguna otra cosa. Durante esa noche, cada grupo tendrá la oportunidad de hacer su presentación.

Preparemos el ambiente para el café concert cubriendo las mesas con papel blanco. Si el tipo de mesas permite doblar las patas para bajar la altura, ubiquémoslas formando un círculo, y pidamos a los acampantes que lleven sus bolsas de dormir y sus almohadas para sentarse o recostarse junto a ellas. Encendamos velas sobre las mesas como iluminación. Preparemos té de distintas hierbas, pasteles y palomitas de maíz para todos. Comencemos con canciones y música de guitarras. Luego permitamos a cada grupo hacer su presentación. Cerremos con un tiempo de comunión y oración. *William C. Moore*

CAMINATA POR EL BOSQUE

Separemos a los acampantes en equipos de seis a ocho chicos y entreguemos a cada grupo una gran bolsa de papel. Los equipos deben permanecer separados y realizar una caminata de entre treinta minutos y una hora. Pueden recoger cualquier cosa que deseen y guardar todo en las bolsas: rocas, hojas, basura, flores, hierbas, lo que sea. Luego informemos a cada uno de los grupos que debe crear algo con lo que recogieron pero, según una consigna: las rocas no pueden ser rocas, la basura no puede ser basura, y así con todo. Las posibilidades pueden incluir un castillo, un zoológico, un animal (con hojas como orejas), o cualquier otra cosa. Para finalizar, organicemos una exposición para que cada grupo vea lo que los otros han hecho y puedan explicar sus obra de arte. *Senior High Fellowship, First Congregational Church*

IDENTIFICACIÓN DE SONIDOS

Separemos a los jóvenes en grupos de seis personas cada uno y entreguémosles un casete y una grabadora de mano. Cada grupo deberá dirigirse a un lugar apartado del bosque y grabar tres minutos de sonidos de la naturaleza. Deberán registrar en un papel la identidad de cada sonido (de donde provino). Luego de que todos hayan regresado, se intercambiarán los casetes y cada grupo identificará la nueva grabación.

Separemos cinco minutos para que descubran tantos sonidos como les sea posible. El grupo que logre identificar correctamente la mayor cantidad de sonidos será el ganador. *William C. Moore*

ViceVersa

Esta actividad motiva a los adolescentes a memorizar las Escrituras y es especialmente útil para los retiros. Asignemos diferentes versículos a cada grupo pequeño. Pero aclaremos que todos deben memorizar los versículos que fueron entregados a los demás grupos. Tendrán que aprender la mayor cantidad posible de versículos para ganar más puntos. Nosotros decidiremos cómo asignar esos puntos.

Para estimular el deseo de memorizar, propongamos a los chicos escribir los versículos y colgarlos en las puertas, sobre las camas, incluso copiarlos en el papel higiénico. Finalmente, pidámosles que escriban los versículos que hayan aprendido de memoria. Entreguemos premios a la persona y al equipo que sepa la mayor cantidad de versículos. Lo más probable es que los chicos aun recuerden de memoria estos versículos seis meses después. *Kathy Neese*

La naturaleza habla

Pidamos a cada joven que dé un paseo por el bosque, cerca de un lago, o por los alrededores del campamento. El propósito de esta caminata es escoger un objeto del entorno, el que mejor exprese cómo se siente cada uno en ese momento. Luego, en una actividad grupal, los adolescentes podrán preguntar a los demás qué revela ese objeto acerca de ellos. Los chicos pueden, si así lo desean, explicar de qué modo les «habló» el objeto que seleccionaron. *Timothy J. Mann*

Cacería persiguiendo la madurez

En algún campamento o retiro en el que los jóvenes puedan observarse unos a otros y a sus líderes durante un período prolongado de tiempo, organicemos una lección acerca de la madurez cristiana. Luego de un estudio, entreguemos a cada chico una copia de la hoja «Cacería de madurez» que se encuentra en la página 38, donde aparecen diversas descripciones de la madurez. La misión que tienen los chicos es estar atentos a los comportamientos de otras personas que ejemplifiquen cada descripción. Luego de un tiempo designado para la observación, se conversará con ellos acerca de los resultados. *Ed Laremore*

Adoración en el retiro

En un escenario natural, por ejemplo en un anfiteatro al aire libre, entreguemos a cada adolescente una tarjeta con instrucciones para un tiempo en soledad. Junto con la tarjeta debemos entregar a cada acampante tres limpiapipas (en caso de no conseguirlos podemos utilizar tres trozos de alambre blando de 20 centímetros). Permitamos que cada uno se aparte del grupo por un período y haga lo siguiente:

Instrucciones:

1. Tomar los tres limpiapipas y pensar acerca de nuestra relación con Dios. Unirlos de manera que expresen simbólicamente esa relación con él.

2. Pensar en estos aspectos de nuestra relación:
   - ¿Qué tipo de relación tengo?
   - ¿Cómo puedo mejorarla?
   - ¿Lo busco solamente cuando estoy triste o tengo un problema, o hablo con él cada día?
   - Cristiano, así es como me llaman, pero ¿qué significa eso para mí?
   - Sinceramente, ¿hablo de Cristo con mis amigos?
   - ¿Me junto con las personas apropiadas?
   - ¿De qué modo mis amigos influyen en mis decisiones?
   - ¿Amo verdaderamente a mis amigos?
   - ¿Qué significa para mí el amor cristiano?

3. Tomar la Biblia y leer el pasaje de 2 Corintios 5:14, 15, 17 (los versículos pueden estar impresos al otro lado de la tarjeta).

4. Regresar al lugar de encuentro, cuando suene la señal, y explicar el símbolo que hemos formado con los limpiapipas a las otras personas o al grupo total. También comentar algunas de nuestras sensaciones con respecto a esta experiencia.

Jean Parker

¡Por aquí estuvieron los humanos!

Separemos al grupo en equipos de seis a ocho acampantes y entreguemos a cada grupo una bolsa grande. Expliquemos a los grupos que deben encontrar la mayor cantidad posible de señales de otras personas (basura, botellas, colillas de cigarro, y otras) dentro de un plazo determinado. El equipo que encuentre más elementos será el ganador. Esta es una manera eficaz de limpiar el territorio. También podemos terminar con un importante debate sobre el efecto que los seres humanos causan en el medio ambiente. *William C. Moore*

CRISTIANOS EN LAS CATACUMBAS

Los cristianos de Roma en el primer siglo acostumbraban a reunirse en catacumbas, túneles subterráneos donde enterraban sus muertos. Hoy en día nos puede parecer que es un extraño lugar para reunirse, pero tenían una buena razón para ello. En esos tiempos era ilegal que las personas no adoraran al César. Y los cristianos sentían que ellos podían adorar solo a Jesús. Si hubieran estado dispuestos a adorar al César también, entonces oficialmente se les hubiera tolerado. Pero los cristianos simplemente no podían hacerlo.

Así que comenzaron los arrestos y la persecución. Y el castigo por no adorar al César era la muerte. Los romanos tenían diversos métodos para ejecutar a los cristianos, a esos seguidores de un nuevo culto judío llamado «El Camino». Al principio los ponían a luchar contra gladiadores, pero los cristianos se rehusaban a luchar o defenderse. Así que, para dar al público más entretenimiento (ya que los espectadores romanos pagaban para presenciar estos espectáculos), liberaban sobre ellos bestias salvajes medio muertas de hambre. A menudo les ataban a los cristianos pieles de vacas o de ciervos muertos recientemente, para atraer los fieros ataques de perros salvajes que los desgarraban con sus dientes. Para mayor entretenimiento, a veces cubrían a los cristianos con aceite, luego los envolvían con lino inflamable y les prendían fuego, como si fueran antorchas humanas, para iluminar los espectáculos nocturnos en la arena. Podían oírse sus gritos, pero en seguida eran ahogados por los gritos de placer de la muchedumbre.

Se hizo muy frecuente ver caminos bordeados por cuerpos crucificados, algunos luchando por vivir, algunos luchando por morir. Y el crimen que se anunciaba en sus cruces era «Sedicioso, Cristiano».

Es por esto que los cristianos comenzaron a esconderse en esas catacumbas: para poder continuar adorando a Jesús, el único Dios verdadero. Y comenzaron a usar señales secretas para poder identificarse unos a otros. Por ejemplo, uno de ellos dibujaba una línea recta en el polvo del suelo y cuando otro cristiano la veía, la cruzaba con otra línea recta, formando una cruz. O uno dibujaba una línea curva y otro, con un simple trazo similar en el sentido opuesto, formaba un pez. Esto en verdad confundía a los romanos porque ellos no sabían lo que significaba, por lo menos, al principio. Las letras de la palabra griega para pez (ichthus) eran las primeras letras de las palabras en la frase griega equivalente a «Cristo Jesús, Hijo de Dios, Salvador».

Pero tanto secreto hacía fácil que las personas los malinterpretaran. Ellos decían que consumían carne y sangre humanas, como si fueran bárbaros en un ritual de sacrificios humanos. Porque no entendían que solo celebraban la Cena del Señor, su última cena, con pan y vino y una comida común. El pan representaba su cuerpo (quebrado en la cruz), y el vino representaba su sangre (derramada en la cruz), las dos cosas que él había entregado por sus pecados. También representaban su disposición a morir por Jesús.

Pero los rumores se esparcieron. Pronto estaban acusándolos de todo tipo de crímenes. Tal vez así les resultaba más fácil llevar a cabo todo lo que les hacían en la arena y en las cruces. Cuando Roma ardió, ese loco de Nerón los utilizó como chivos expiatorios, y es muy probable que haya provocado el incendio él mismo. ¡Tanto derramamiento de sangre a causa de tantas mentiras malvadas! El solo hecho de testificar a menudo les costaba la vida. Comenzaron a ser llamados mártires: cristianos que sabían que testificar significaría la muerte.

(En este momento debemos quitarles las vendas de los ojos a los jóvenes; utilicemos solo velas para iluminar el ambiente)

Como dijo el apóstol Pablo en Romanos 10:9: «…si confiesas con tu boca que Jesús es el Señor y crees en tu corazón que Dios lo levantó de entre los muertos, serás salvo».

El confesar a Jesús como Señor implicaba que no reconocían al César como Señor, y eso equivalía a firmar la sentencia de muerte. Sin embargo, los primeros seguidores de Cristo lo confesaron así, porque creían que Jesús los iba a levantar de entre los muertos, tal como él se había levantado. Él prometió esto a todos sus seguidores.

Y cuando se reunían, hablaban y cantaban acerca de Jesús, el Cristo. Y hacían como el apóstol instruyó en Colosenses 3:16: «Que habite en ustedes la palabra de Cristo con toda su riqueza: instrúyanse y aconséjense unos a otros con toda sabiduría; canten salmos, himnos y canciones espirituales a Dios, con gratitud de corazón».

Hagamos algo de esto ahora. Leamos las Escrituras y cantemos canciones unos a los otros.

¡TENER AMIGOS ES TAN HERMOSO COMO IR A LA PLAYA!

Esta hoja de trabajo, pensada para un retiro o campamento cerca de la playa, ofrece una buena opción para fortalecer los lazos dentro del grupo. Repartamos copias de la página 39 y pidamos a los jóvenes que las completen. A continuación, realicemos una puesta en común para que los chicos hablen y expliquen las elecciones que realizaron. *George T. Warren*

BOLETOS PARA UNA TELESILLA SANTA

Los viajes a la montaña son tristemente célebres por resultar en experiencias muy divertidas pero espiritualmente improductivas para muchos grupos de jóvenes. Con el propósito de obtener la mayor cantidad de usos por el precio del pase, cuando hay telesillas para subir a la montaña, los chicos a menudo se pasan allí todo el día, desde el momento en que abren hasta la hora de cerrar, y apenas si hacen un alto para comer algo ¡y ni que hablar de apartar un tiempo para tener devocionales o estudios bíblicos!

Para ayudar a los adolescentes a meditar sobre la creación de Dios, repartamos cada día un Boleto para una Telesilla Santa (en la página 41), válido para una reflexión diaria. En los espacios en blanco podemos insertar nuestros propios versículos y reflexiones para los restantes días del viaje. No solo es una actividad divertida para los chicos, sino también plena de sentido.

Eugene C. Scott

CUMPLEAÑOS EN EL CAMPAMENTO

La mayoría de los jóvenes disfrutan de celebrar sus cumpleaños y esta idea hará posible que todos los chicos celebren sus cumpleaños en el campamento en lugar de que solo lo hagan unos pocos elegidos. Designemos cada día como correspondiente a dos meses del año (por ejemplo el lunes para enero y febrero, el martes para marzo y abril, y así sucesivamente). Un campamento de seis días alcanzará para cubrir el año entero. Luego, celebremos cada día los cumpleaños de aquellos chicos cuyas fechas de nacimiento coincidan con los dos meses señalados. Cantemos el feliz cumpleaños, entreguemos pequeños presentes y otorguemos ciertos privilegios a los acampantes que «cumplen años» ese día. *William Moore*

NO HAY LÍDER, NO HAY DESAYUNO

Durante un campamento de una semana de duración, a menudo resulta muy divertido organizar una búsqueda de líderes temprano en la mañana. Hagamos que todos los líderes de habitación o consejeros se despierten antes que los acampantes y que luego cada uno busque un lugar donde esconderse dentro de un territorio específico. Despertemos luego a los acampantes con el anuncio de que deben encontrar a su líder antes de poder sentarse a la mesa del desayuno. *William Moore*

LÁMINAS DE FOTOS BÍBLICAS

Esta puede ser una actividad creativa y estimulante para un campamento, retiro de fin de semana, o para un paseo de un día. Comencemos con un estudio bíblico y dividamos a los adolescentes en pequeños grupos de cuatro o cinco. Luego entreguemos a cada grupo una cámara Polaroid. Indiquemos a los chicos que deben salir y tomar una serie de fotos que ilustren la porción de las Escrituras que hemos estudiado o alguna otra porción que ellos mismos elijan. Luego de tomar todas las fotografías, distribuyamos papeles afiche, marcadores, y cinta adhesiva, y pidamos a cada grupo que se dedique a crear una lámina utilizando las fotografías, una Biblia y su propia creatividad. Las producciones luego serán colocadas en exhibición y todos podrán disfrutarlas. *Lavern Kruse*

REGALOS HECHOS A MANO

Esta es una buena idea para campamentos o retiros de fin de semana. Al comienzo del campamento, pidamos a cada chico que tome un nombre de una caja que contiene todos los nombres de los acampantes escritos en trozos de papel. Luego los adolescentes deberán fabricar un regalo para la persona cuyo nombre tomaron de la caja. El regalo debe estar terminado antes de finalizar el campamento o para algún otro momento que se especifique. Pueden entregarse materiales tales como goma de pegar, pinturas, trozos de madera, metal, cuerda, etc. Los regalos pueden realizarse en cualquier material, pero deben tener alguna relación específicamente con la persona en cuestión. Nadie debe revelar para quién está fabricando su regalo hasta el momento en que sean intercambiados. A continuación podemos conversar sobre el dar y recibir, o sobre el significado de los diversos regalos que fueron creados. *James Allard*

CACERÍA DE MADUREZ

¿A qué se parece la madurez espiritual?

Las siguientes afirmaciones ejemplifican diversos aspectos de la madurez. Durante nuestro tiempo juntos, observemos a las personas que nos rodean, y notemos si sus comportamientos ilustran estos diferentes aspectos de la madurez espiritual. Cuando observemos a alguien que muestra con su vida una de las marcas de la madurez, hagamos un resumen del incidente presenciado en el casillero que está junto a la descripción y luego solicitemos a la persona observada que escriba sus iniciales en el casillero siguiente. También podemos incluir incidentes que violen los diferentes aspectos. Anotemos esos incidentes en los casilleros apropiados. ¡No hay necesidad de iniciales en esos casos!

Madurez es...	Circunstancias en que he observado un comportamiento maduro	Inicial
1. Madurez es la habilidad para controlar el enojo y resolver las diferencias sin violencia ni destrucción.		
2. Madurez es paciencia; la disposición a renunciar a un placer inmediato en favor de una ganancia a largo plazo.		
3. Madurez es perseverancia; la habilidad de llevar adelante un proyecto a pesar de la oposición o de sufrir contratiempos desalentadores.		
4. Madurez es generosidad; responder a las necesidades de otros, a menudo a expensas de los propios deseos o intereses.		
5. Madurez es la capacidad de enfrentar disgustos y frustraciones, incomodidades y derrotas, sin quejarse ni derrumbarse.		
6. Madurez es humildad. Es ser lo suficientemente grande como para decir: «Yo estaba equivocado». Y cuando está en lo correcto, la persona madura no necesita decir: «Te lo dije».		
7. Madurez es la habilidad de tomar una decisión y mantenerse firme en ella. Las personas inmaduras se pasan la vida explorando infinitas posibilidades y no alcanzan nunca nada.		
8. Madurez significa ser confiable, cumplir la palabra que se da, completar lo que se emprende. Las personas inmaduras (confundidas y desorganizadas) son expertas en excusarse. Sus vidas son un laberinto de promesas rotas, ex amigos, negocios sin terminar, y buenas intenciones que nunca se materializan.		
9. Madurez es el arte de vivir en paz con aquellas cosas que no podemos cambiar.		
10. Madurez es saber cómo dar y recibir amor.		
11. Madurez es la habilidad de aprender de la experiencia.		

¡TENER AMIGOS ES TAN HERMOSO COMO IR A LA PLAYA!

Coloquemos las iniciales o el nombre de cada miembro del grupo junto a la afirmación que mejor describa a esa persona. Tratemos de encontrar una declaración que se aplique a cada persona del grupo (podemos agregar nuestras propias afirmaciones, relacionadas con la playa, debajo de estas). De ser necesario coloquemos dos o tres nombres junto a alguna de las afirmaciones.

_____ 1. **Faro: Muestras a los demás el camino.**

_____ 2. **Arena: Disfruto de estar cerca de ti.**

_____ 3. **Amanecer: Brindas la oportunidad de un nuevo comienzo.**

_____ 4. **Corriente: Me ayudas a avanzar.**

_____ 5. **Grandes olas: Eres un desafío que me fortalece.**

_____ 6. **Orilla: Me siento cómodo y seguro cerca de ti.**

_____ 7. **Sándwich: Me ayudas para que pueda continuar.**

_____ 8. **Tabla de surf: Me proporcionas estabilidad.**

_____ 9. **Sol: Haces que cada día sea hermoso.**

_____ 10. **Bandera roja: Me alertas del peligro.**

_____ 11. **Filtro solar: Me proteges de lo que puede lastimarme.**

_____ 12. **Abrigo: Me proteges cuando todo es frío a mi alrededor.**

_____ 13. **Lentes de sol: Me ayudas a ver las cosas mejor.**

_____ 14. **Agua: El contacto contigo es refrescante.**

_____ 15. **Salvavidas: Siempre estás ahí para salvarme si te necesito.**

_____ 16. **(Otro)** _____

_____ 17. **(Otro)** _____

PERSONALIDADES MISTERIOSAS

Podemos agregar un poco de misterio extra al próximo campamento o retiro que realicemos. Seleccionemos tres «Personas misteriosas» y demos pistas sobre sus identidades durante cada comida. Entonces los jóvenes deben intentar resolver el misterio uniendo las pistas y haciendo un montón de preguntas. El primer joven en adivinar la identidad de las tres personas ganará un premio o puntos para su equipo. Las tres «personas misteriosas» pueden ser miembros del campamento o personas famosas que todos los chicos conozcan, por ejemplo personajes bíblicos. No hagamos las pistas demasiado sencillas. Comencemos con algunas bien difíciles y a medida que el campamento se acerca al final vayamos brindando pistas más fáciles si nadie logra adivinar correctamente. *Curt Finch*

REGULACIONES DE GUERRA

Casi todo campamento de adolescentes y jóvenes incluye, aunque tratemos de evitarlo, una o más guerras de agua, ya sea con baldes o con bombas de agua, dentro o fuera de las habitaciones y generalmente en medio de la noche. Algunas veces estas guerras pueden salirse de control. Un buen modo de apaciguarlas es simplemente planificar la guerra más importante dentro del cronograma del campamento, tal vez el viernes por la noche. El primer día del campamento podemos entregar a cada joven algunas bombas de agua junto con una tarjeta explicando las reglas, límites y tiempos fijados para la guerra. De este modo, todos en el campamento participarán y evitaremos que unos pocos chicos se diviertan a expensas de otros. Es mucho más fácil esto que intentar evitar lo inevitable. *Luke Harkey*

CIRCULACIÓN DIVERTIDA

Esta actividad es ideal para épocas lluviosas, especialmente cuando ha llovido por varios días y solo hay lodo y agua alrededor. También resulta adecuada para los retiros en los que no contamos con un gran espacio cubierto para realizar juegos y actividades en los días de mal tiempo. Dividamos a los acampantes en pequeños grupos, de entre diez y veinticinco chicos cada uno, dependiendo de la situación. Previamente, debemos despejar las habitaciones lo más posible de bolsos y otros bultos. Acomodemos las camas de modo que quede un espacio libre en el centro, sin estorbos. Si es necesario caminar por lugares descubiertos para ir de una habitación a la otra, debemos indicar a los acampantes que se pongan abrigos de lluvia y ropas viejas debajo. En cada habitación, un miembro del equipo de líderes conducirá una actividad. Utilicemos toda

nuestra imaginación. Algunas posibilidades son los juegos como «dígalo con mímica», los juegos de mesa, las canciones, las manualidades o alguna película. Cada cuarenta minutos aproximadamente, los grupos pasan a la siguiente habitación y a la siguiente actividad. Los líderes permanecen para dirigir la misma actividad con el grupo siguiente. Podemos continuar así hasta que cada grupo haya circulado por todas las actividades. Lograremos prevenir en verdad el aburrimiento de los días pasados por agua. *Louie Vesser*

SU RETOÑO QUE LOS AMA

Cuando los chicos concurren a un campamento de verano o de más de una semana, la mayoría ni siquiera se molesta en escribir a sus hogares. Pero hay una solución para esto. Podemos distribuir copias de la página 43 para que cada adolescente complete una. Entreguemos, también, sobres y estampillas, y enviemos las cartas los primeros días de la semana. Los padres en verdad disfrutarán de saber algo de sus hijos y este es un modo divertido de lograrlo. *Bill Vestal*

COMPROMISO GRABADO A FUEGO

Si el campamento incluye una reunión de compromiso al final de la semana, podemos utilizar esta maravillosa forma de dramatizar la elección de los chicos y acompañar el curso de su decisión. Coloquemos un tronco de casi un metro de alto, de pie frente a un fardo de heno, dentro del círculo de la fogata. El tronco debe mantenerse de pie por sí mismo, un corte recto en la base sería lo ideal. El extremo superior del tronco, con un ángulo de 45°, debe estar bien lijado para que los chicos puedan escribir sobre la madera.

Cuando finalice la reunión de compromiso, invitemos a los jóvenes a pasar de uno en uno, para arrodillarse sobre el heno y firmar con sus nombres en la parte superior del tronco utilizando un marcador apropiado (antes hagamos una

BOLETO PARA UNA TELESILLA SANTA

ESTE BOLETO HABILITA A SU PORTADOR A PASAR UN TIEMPO INDEFINIDO DE INTIMIDAD CON DIOS.
VÁLIDO SOLO PARA EL DÍA ___/___/_____

«Gran remedio es el corazón alegre, pero el ánimo decaído seca los huesos.» (Proverbios 17:22)

Por favor, no imaginemos a Dios como si fuera un policía cósmico, ansioso por encerrarnos o golpearnos en la cabeza cuando nos acercamos peligrosamente a alguna posibilidad de diversión. Miremos a nuestro alrededor. La creación de Dios es asombrosa. Él debe haber disfrutado inmensamente cuando inventó las montañas, los árboles, o la nieve. El toque de genialidad, sin embargo, fue colocar en nosotros la habilidad para disfrutar de esas montañas, esos árboles y esa nieve.

Así que aprovechemos la creación de Dios hoy. Exploremos, riamos, disfrutemos con nuestros amigos. Y en algún momento, tal vez incluso ahora mismo, hagamos una oración simple de gratitud por todas las cosas buenas que Dios nos ha dado.

BOLETO PARA UNA TELESILLA SANTA

ESTE BOLETO HABILITA A SU PORTADOR A PASAR UN TIEMPO INDEFINIDO DE INTIMIDAD CON DIOS.
VÁLIDO SOLO PARA EL DÍA ___/___/_____

BOLETO PARA UNA TELESILLA SANTA

ESTE BOLETO HABILITA A SU PORTADOR A PASAR UN TIEMPO INDEFINIDO DE INTIMIDAD CON DIOS.
VÁLIDO SOLO PARA EL DÍA ___/___/_____

prueba sobre madera). Alentemos a todos los acampantes a realizar un tiempo de oración y meditar sobre el compromiso que desean hacer. Mediante una explicación apropiada, evitemos que se forme una fila de gente esperando junto al heno y al tronco. Cuando todos hayan tenido la oportunidad de escribir sus nombres, coloquemos el extremo escrito del tronco en el fuego como una ofrenda a Dios y cerremos con una oración. *Barry DeShetler*

UN DESFILE DE MODAS ESPECIAL

Organicemos una competencia por grupos entre las habitaciones, para ver qué habitación puede vestir a su consejero o líder con el atuendo más extravagante. Podrán emplear cualquier cosa que deseen, sean ropas o accesorios. Los jóvenes disfrutarán y reirán mucho como resultado. Fijemos un límite de tiempo para el período de preparación, vestido y maquillaje, y ofrezcamos un premio (o puntos, si la competencia es más amplia) para el atuendo más hermoso, el más gracioso, el más feo, el más original. *Shirley Raferson*

TIERRA SANTA

Para enriquecer los devocionales personales de los chicos durante el campamento, el primer día separemos un tiempo para que salgan, cada uno por su cuenta, y elijan un lugar privado de aproximadamente dos metros por dos metros. Cada uno puede marcar su territorio del modo que prefiera (con rocas, ramas, o lo que sea). Esa será su propia y pequeña parcela de tierra santa durante toda la semana.

Cada día, por la mañana, debemos entregar a los acampantes instrucciones para sus devocionales personales y ellos se dirigirán a su tierra santa para tener un encuentro con Dios. Hasta podemos introducir el pasaje del Antiguo Testamento acerca de Moisés y la zarza ardiente: «Quítate las sandalias, porque estás pisando tierra santa». Los jóvenes tal vez deseen incluso quitarse los zapatos cada día mientras tienen su tiempo a solas con Dios. Seguramente, al principio, los acampantes no estarán demasiado entusiasmados con esa idea, pero con el correr de los días, muchos jóvenes pasarán cada vez más tiempo en su tierra santa a solas con Dios. Puede convertirse en un lugar muy especial para ellos.

Para ayudar a los chicos a continuar con esto cuando regresen a sus casas, entreguemos a cada acampante un pequeño frasco con tapa y una pequeña pala o cuchara. Que cada uno recoja un poco de su tierra santa, para llevar a sus hogares como recordatorio de que deben pasar un tiempo a solas con Dios cada día. *Gary Fulfer*

CARTA DESDE EL CAMPAMENTO

Expliquemos a los chicos que interceptamos esta carta en la oficina de correos cercana al campamento. Anunciemos que cartas de este tipo no están permitidas. Incluyamos los nombres de algunos de los acampantes en la carta para hacerla más divertida.

Querido _____:
Mi semana en el campamento ya casi está por concluir. _____ es un lindo lugar para acampar... ¡30 millones de mosquitos no pueden estar equivocados!
    La publicidad decía que todas las habitaciones tenían vista a un hermoso lago. Pero también tienen vista hacia los inodoros, colchones viejos y filtraciones de agua. Mi habitación es tan pequeña que los ratones se quejan porque se sienten hacinados. Sí, es cierto que tiene un lindo baño... aunque yo preferiría que tuviera una cama.
    La habitación es muy moderna. Las puertas tienen manijas de metal, ventanas de metal y rejas de metal. De hecho, es la habitación con más cantidad de metal que haya visto.
    Verdaderamente, este es un lugar ideal para los mosquitos. Luego de unos días ya no deseas aplastar a ninguno de ellos, porque no quieres matar a tu propia sangre y carne.
    Esta mañana nos levantamos temprano y fuimos a hacer esquí acuático al lago. Yo nunca había hecho eso antes. Me ubiqué detrás del bote, luego me coloqué los esquís y tomé la soga en mis manos,... hasta que el bote comenzó a andar y un esquí salió en una dirección y el otro en otra. Y, ¡no lo vas a creer!...¡pensé que me había partido en dos! Mientras me recuperaba, la enfermera del campamento, Claudia, me dijo que tomara un baño caliente y luego un vaso de leche tibia para sentirme mejor. ¡Pero apenas pude tomarme medio baño caliente y ya estaba lleno! Además, creo que no me hizo nada bien.
    Con amor,
        _____

LOS VIAJES DE PABLO

Algunas veces ciertos pasajes de las Escrituras pueden hacerse más divertidos para los jóvenes por medio de su recreación en un entorno moderno. Los viajes misioneros de Pablo se pueden adaptar muy bien para esto, especialmente si el campamento se encuentra en un lugar con mucho espacio y algo de agua, un lago por ejemplo.

Tengamos todo preparado antes de que lleguen los adolescentes. Tomemos un mapa de los viajes de Pablo y dispongamos los objetos de la escenografía. Coloquemos algunos letreros que marquen la ubicación de ciudades, pueblos y otros puntos importantes. Las edificaciones o espacios naturales que haya en el lugar pueden convertirse en lo que imaginemos. Utilicemos todos los accesorios que sirvan de ayuda. Lo lindo de los campamentos es que podemos convertir cualquier cosa en lo que tenemos en mente.

Cuando llegue el grupo, expliquemos a los adolescentes que ellos están a punto de comenzar un viaje misionero con Pablo. A medida que avanzamos a través de las ciudades y países, detengámonos en cada lugar para leer o contarles lo que Pablo hizo o lo que le sucedió allí. Incluso, de ser posible, podríamos dramatizar algunos de estos sucesos. Si Pablo caminaba, entonces caminemos. Si él tuvo que viajar en bote, entonces hagamos que los chicos viajen en bote. Este puede ser un modo muy eficaz de hacer que las Escrituras cobren vida. *Aaron Bell*

CARTA DESDE EL CAMPAMENTO

(Marca con un círculo la respuesta más adecuada para tu situación.)

Querido/s: (a)- padres (b)- Sr. (c)- Sra. (d)- mamita y papito (e)-_____:

Me siento (a)- triste (b)- hambriento (c)- feliz (d)- maravillosamente bien (e)- más o menos (f)- enfermo (g)- deprimido (h)- tan bien como puede esperarse luego de quebrarme la pierna (i)-_____.

Mi situación financiera es (a)- cero (b)- mejor desde que le robé la billetera a mi líder (c)- buena (d)- depende de cuán rápido puedan ustedes enviarme algo de dinero (e)- buena; me hice rico apostando (f)-_____.

Regresaré a casa cuando (a)- se me acabe el dinero (b)- tenga ganas (c)- el sol se niegue a salir por las mañanas (d)- ustedes prometan ser buenos con mi nueva mascota «campanita», una serpiente de cascabel (e)-_____.

Aquí estoy durmiendo mucho porque (a)- soy un haragán (b)- prefiero cuidar mi ropa de manchas o rasguños (c)- estoy a favor de la conservación de la energía (d)-_____.

Mi vida espiritual es (a)- angelical (b)- grandiosa (c)- mejor cada día (d)- un sube y baja (e)-_____.

La mayor parte de mis amigos aquí son (a)- chicos (b)- chicas (c)- ardillas (d)- muchachos culpados de armar líos desde que me conocieron (e)- imaginarios (f)- buenos (g)-_____.

La comida del campamento está (a)- podrida (b)- medianamente comestible (c)- deliciosa (d)- racionada (e)- causando que aumente de peso (f)- buena, si es que tienes un estómago de hierro (g)-_____.

Ayer me enteré de que (a)- dos más dos son cuatro (b)- me enviarán a casa si me sigo portando mal (c)- ustedes se mudaron (d)- no existe Santa Claus (e)- duele cuando te caes por un acantilado de 15 metros de altura (f)-_____.

He decidido (a)- casarme mientras estoy aquí (b)- que los campamentos son para los pájaros y las ardillas (c)- unirme a una banda de rock and roll y salir de gira mañana mismo (d)-_____.

No hay mucho más para decir, excepto _____ y _____.

Su retoño que los ama,

_____
(firma)

RECORRIDO DE MEDITACIÓN

Esta es una magnífica idea devocional para los grupos pequeños de un retiro. Con algunas adaptaciones, podría ser utilizada también en grupos más numerosos. Resultará mejor en los campamentos que tengan espacios grandes o en algún lugar silvestre en donde haya mucho paisaje para dispersarse.

Antes de empezar, debemos preparar un recorrido que atraviese todo el campamento, con diversos lugares marcados a lo largo del camino a modo de postas para detenerse, o puntos de meditación. Debemos marcar claramente el recorrido y, de ser posible, formemos un gran círculo, de manera que comience y finalice en el mismo lugar.

Repartamos un sobre a cada participante, con varios trozos de papel en su interior, igualando la cantidad de paradas que hay en el camino. Escribamos en cada trozo de papel un versículo bíblico y una sugerencia para la meditación, cada uno numerado para indicar el orden en que deben ser utilizados. Luego enviemos a los jóvenes a realizar el recorrido, separando uno de otro con intervalos de cinco minutos. Cuando cada joven llegue a un punto de detención, deberá extraer del sobre el papel que corresponda, leerlo y meditar dos o tres minutos.

La caminata debería realizarse sin conversar y sin ningún otro ruido o actividad externa. Por supuesto, si todos cooperan, no habrá otras personas lo suficientemente cerca como para conversar.

Si deseamos enviar a todo el grupo simultáneamente, entonces debemos dirigir a cada joven a un punto diferente para su primera meditación. De este modo habrá una persona en cada punto de detención y simplemente podrán ir avanzando de punto a punto hasta que todos hayan pasado por todas las paradas. Utilicemos un silbato o campana para indicar cada cinco minutos el momento en que deben trasladarse hasta el punto siguiente.

Otra variante más simple es colocar un cartel con una meditación en cada punto de detención, en lugar de entregar un sobre a cada persona. Sin importar la manera que utilicemos, los chicos disfrutarán este nuevo enfoque sobre los devocionales y el estudio de la Biblia en los campamentos. *David Baumann*

CENTRO AGRESTE DE ADORACIÓN

Muchos retiros terminan el domingo por la mañana con un culto de adoración. Una idea original es que el grupo diseñe su propio lugar para la reunión final, en algún espacio abierto cerca del campamento que esté rodeado por árboles o postes (tengamos cuidado si son de electricidad). Tomemos un rollo de cuerda, soga, o alambre, y delimitemos la zona de reunión, colocándolo aproximadamente a un metro de altura. No es necesario que forme un cuadrado perfecto.

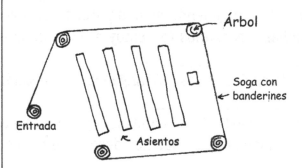

Un día antes del culto de adoración, pidamos a todos los acampantes que confeccionen banderines o carteles sobre una temática en común o sobre cualquier cosa que gusten. Luego, antes del culto de adoración, invitemos a los acampantes a colgar sus banderines y carteles en la soga que rodea la zona de adoración. Dependiendo del sitio, podremos utilizar sillas o troncos de árbol para sentarnos, o los chicos podrán acomodarse directamente en el suelo. De esta manera la adoración tendrá un mayor significado, ya que los acampantes habrán construido su propia iglesia para el culto. *Chuck Campbell*

AMIGOS SECRETOS

Este es un buen ejercicio para afianzar los lazos comunitarios en un campamento o retiro. Al inicio de la semana o del fin de semana, pidamos a cada uno que escriba su nombre en un pequeño trozo de papel. Coloquemos todos los nombres en una caja para que cada joven tome uno sin mirar (no puede ser el suyo propio). Esa persona se convertirá en su amigo secreto durante todo el campamento o retiro. Los chicos deberán realizar pequeños actos de amistad a favor de su amigo secreto, pero siempre manteniendo el misterio para que el otro no sepa quién es el responsable. Por ejemplo, los chicos pueden enviar a su amigo secreto un ramo de flores, una carta de amor, dulces, o cualquier otra cosa.

Al final de la experiencia se descorrerá el velo del secreto. Habitualmente los resultados son en verdad satisfactorios. Algunas amistades muy duraderas se iniciaron de este modo.
Gail Moody

PAQUETES SORPRESA DESDE CASA

La mayoría de los chicos se ponen muy felices cuando reciben algo por correo, y más si están de campamento lejos de casa. Pero puede decepcionar mucho a los acampantes que esperan recibir algo el que no les llegue nada. Para remediar esto, contactemos por anticipado y en forma secreta a todos los padres de los acampantes, y solicitémosles que preparen un pequeño paquete sorpresa para su hijo. Los paquetes pueden recolectarse sin que los jóvenes sepan nada al respecto, y luego, alguno de los día del retiro, se entregan todos juntos. Los chicos quedarán fascinados. Tal vez podamos especificar a los padres el tipo de cosas que convendría colocar en el paquete, pero permitamos que cada padre le dé a su hijo lo que sienta. También sería una buena idea tener preparados algunos paquetes extras, solo por las dudas.

Una buena variante de esta actividad, tal vez aun más significativa, sería separar una jornada del campamento para dedicarla a levantar la autoestima, o para reconocer los talentos, dones y habilidades, o para tratar temas por el estilo. Durante esa jornada, los chicos deberán reunirse en pequeños grupos y realizar una especie de autoevaluación, haciéndose preguntas como: «¿Cuáles son mis puntos fuertes? ¿Cuáles son mis habilidades y cuál es el mejor uso que puedo hacer de ellas?» Luego, cerca del cierre de la jornada, podemos entregar a cada acampante el paquete sorpresa preparado por sus padres, con una nota en la que ellos mismos señalen sus rasgos más destacados y las habilidades especiales de su hijo. Los regalos pueden ser simbólicos y representar lo que el joven aporta a su familia. Debemos recolectar estos paquetes sorpresa y guardarlos en un lugar oculto hasta el momento de la entrega, sin que los chicos sepan nada al respecto. Los jóvenes pueden luego contar al resto qué regalos han recibido, si así lo desean. Los resultados de esta experiencia siempre son muy agradables. *Dennis McDonough*

EL TABLERO DEL DESTINO

Existe una regla en todos los campamentos cristianos del mundo, desde hace casi cien años, que obliga al acampante a contar un chiste o cantar una canción **cuando le llega un** paquete o tres cartas desde afuera del **campamento si quiere** recibir su correo. La siguiente idea puede **ser implementada en** circunstancias similares.

El Tablero del destino es una plancha de **cartón con apro**ximadamente cincuenta puertitas recortadas. Detrás de cada puerta hay un mensaje que puede **significar tanto buenas** como malas noticias para el que las abra. **Entre los mensajes** pueden incluirse:
• El Director del campamento te comprará **una lata de gaseosa.**
• Serás el primero de la fila en la próxima **comida.**
• Un líder a tu elección te servirá una **comida.**
• Estás eximido de la limpieza de las **habitaciones durante un** día.

Sin embargo, algunos de los mensajes **pueden ser:**
• Deberás realizar diez sentadillas.
• Tendrás que comprar una lata de **gaseosa para el Director** del campamento.

Una sección del tablero puede titularse «Paraíso en la tierra», y estas puertas serán abiertas solo por **aquellas personas** que merezcan un premio especial. Po**demos incluir mensajes** como los siguientes:
• Por un día tendrás prioridad para **bañarte primero, cuando** todavía queda agua caliente.
• El Director del campamento te comprará **un helado y a toda** tu habitación también.
• Estás eximido de lavar platos por el **resto del campamento.**

El tablero también puede tener una **sección titulada** «Crimen y castigo», especialmente dise**ñada para los chicos** que merezcan algo más negativo. Po**dríamos utilizar estas** puertas para manejar los problemas de **disciplina de una** manera creativa. Los mensajes de esta **sección pueden incluir:**
• Hoy deberás pasar un trapo por todas **las mesas luego de las** comidas.
• Tendrás que barrer el salón comedor.
• Serás el último en la fila para la **próxima comida.**
• Deberás levantar todos los platos sucios **de las mesas y lle**varlos hasta la cocina.
• Por el resto del día serás el chico de **los recados para cual**quier líder que lo solicite.
Podemos utilizar todos estos mensajes u **otros a nuestra elec**ción. Esta idea agregará un poco de **emoción a los momentos** de anuncios, comidas, u otras activida**des del día. Es una pro**puesta muy divertida y tiene una gran **variedad de aplicacio**nes. *Rod Nielsen*

MURALES DE CONVERSACIÓN

He aquí una excelente idea para que los jóvenes entablen diálogos unos con otros en un campamento o retiro, de un modo que no les resulte embarazoso. Consigamos un rollo ancho de papel, o varios papeles tamaño afiche, y utilicémoslos para cubrir un par de mesas o una parte de la pared. Repartamos lápices o marcadores y luego alentemos a los chicos a escribir sus sentimientos y comentarios a medida que transcurre la semana. No limitemos los temas sobre los que escribir (habitualmente los jóvenes hacen referencia a las cosas que les pasan en el retiro). Indiquémosles que pueden firmar con sus nombres si así lo desean, pero que no es obligatorio.

Luego animemos a los chicos a leer los mensajes de los demás y a responderles si así lo desean. Es sorprendente el modo en que los adolescentes se ayudan unos a otros. Esta es una muestra tomada de un mural de conversación empleado en un campamento:

> **Me siento confundida y no estoy segura sobre qué hacer con mi vida. Pero una cosa sí sé, y es que me aparté de Dios ...¡y eso duele! Quiero empezar a crecer nuevamente...**
>
> **Firmado, "Confundida"**
>
> *¡Es exactamente como me siento yo! A veces pienso que no puedo hacer nada divertido por ser cristiano. Pero en el fondo de mi corazón yo sé que debo ser cristiano... Me refiero a ser un cristiano en serio... Sin embargo, ¡es tan difícil! Especialmente en la escuela...*
>
> *Firmado, «Alguien que lo está intentando»*
>
> *Continúen escribiendo, por favor... ¡todos necesitamos saber que hay otros que están pasando por lo mismo! Firmado, «Me dieron ánimo»*

Los chicos también pueden escribir cosas simplemente divertidas. De cualquier manera, estos murales constituyen una válvula de escape tanto para la creatividad como para los pensamientos serios. Por otra parte, al leer estos murales de conversación podemos formarnos una idea más acabada de lo que va ocurriendo con el grupo a lo largo del campamento. Asegurémonos de que los murales estén ubicados en un lugar de mucho tránsito, dónde los chicos puedan verlos seguido. *Jim Roberts*

CARPETA DEL RETIRO

Podemos mantener a los jóvenes en suspenso durante todo el retiro si vamos revelando el cronograma del fin de semana un ítem por vez. Repartamos carpetas al comienzo del retiro, a las que se les agregarán instrucciones, horarios y cualquier otra información, página por página, a lo largo del fin de semana. Los chicos pueden decorar los materiales del modo que más les guste. Si utilizamos carpetas con ganchos para las hojas, los chicos podrán quedárselas de recuerdo. *David Johnson*

BAJAR DE LA MONTAÑA

No es inusual que algunos chicos se preocupen por lo que ocurrirá cuando regresen a sus casas luego de un campamento, retiro, o viaje misionero, en especial si se trató de una experiencia espiritual significativa para ellos. Para ayudar a los jóvenes a lidiar con esos miedos, invitémoslos a escribir sus temores en un papel, luego recojamos esos papeles en la última reunión general del campamento o retiro. Probablemente incluyan cosas como «presiones en la escuela», «no poder explicar lo que sucedió», «dificultad para continuar siendo fiel a Dios», «llevarme bien con mis padres, que no son cristianos», y cosas semejantes.

Luego de que hayan entregado los papeles, podemos leerlos y transmitir algunos pensamientos de las Escrituras apropiados para ayudar a los chicos a lidiar con sus miedos y problemas específicos. Para cerrar, pidamos a los jóvenes que oren unos por otros. También sería oportuno planificar experiencias futuras de contención, para apoyarlos, acompañarlos y ayudarlos a recordar los compromisos que han tomado. *Lee Strawhun*

BUENOS BILLETES

Lo importante para llevar a cabo esta propuesta es, algunos meses antes del campamento, contactarnos con los comerciantes de la ciudad y solicitarles algunas donaciones (probablemente podrán deducirlas de sus impuestos) de muñecos de peluche, útiles escolares, Biblias, libros, CDs, golosinas y otros pequeños regalos. Incluso, tal vez, alguna bicicleta.

Durante la semana del campamento, los chicos ganarán Buenos billetes (impresos con anterioridad) al hacer cosas buenas o agradables por iniciativa propia: levantar la basura, ayudar a otros, limpiar las habitaciones, y otras. Cuando un consejero o líder observe un comportamiento meritorio, deberá escribir un recibo (en una planilla de ventas real) explicando la acción y el número de Buenos billetes que merece esa acción (utilicemos cifras de a $1000). Los acampantes luego cambiarán estos recibos por Buenos billetes.

Unas pocas horas antes de que finalice el campamento, organicemos una subasta con los objetos donados, para que los chicos compren con sus Buenos billetes. Una idea como esta puede generar un espíritu cooperativo y unido en el campamento, donde todos trabajen con los líderes y no en contra de ellos. ¡También lograremos que el final de la semana sea un momento esperado y emocionante! *Mike Gulotta*

AQUÍ COLOCO MI EBENEZER

Leemos en la Biblia que Dios ordenó a Israel colocar una piedra para conmemorar su victoria sobre los filisteos, y llamarla Ebenezer: «piedra de ayuda» (1 Samuel 7:12). En otras ocasiones, por ejemplo cuando cruzaron el Río Jordán (Josué 4:1-9), Israel también construyó un altar de piedra con el propósito de recordar la ayuda del Señor.

Aunque los adolescentes regresen de un campamento o retiro con espíritus optimistas, especialmente si han tenido un encuentro decisivo con Dios durante ese tiempo, necesitarán un recordatorio que les sirva durante el año para no olvidar lo ocurrido. Así que, con un poco de planificación, ellos pueden construir su propio monumento conmemorativo que les recuerde la verdad y el poder de lo sucedido durante el campamento.

El último día, solicitemos a aquellos que hayan experimentado una liberación espiritual significativa de cualquier tipo que lleven consigo al autobús una roca de tamaño importante (alguna que requiera ser levantada con ambas manos, pero que no les lastime la espalda). Cuando lleguemos de regreso a la iglesia, escojamos un sitio visible pero que no esté en medio del paso (tal vez una esquina del jardín o del salón de reuniones) y apilemos esas rocas para formar un monumento conmemorativo.

Probablemente todos estarán demasiado cansados el mismo día en que regresen del campamento. Por eso, aguardemos hasta el siguiente domingo por la tarde, o hasta la reunión de mitad de semana, para tener un culto todos juntos. Reunidos alrededor del monumento conmemorativo, pidamos a los jóvenes que den su testimonio de lo que Dios hizo en ellos durante el campamento. Luego pidamos que lean el pasaje de Josué 4 y expliquemos lo que simboliza un monumento conmemorativo: un memorial (un recordatorio de cosas pasadas, de momentos en los que Dios obró), un letrero o señal (un indicador de que hay cosas buenas ocurriendo actualmente, de que Dios continúa lo que comenzó en el campamento), y un contrato (una promesa de cosas que vendrán, un pacto de

que Dios nunca los abandonará, sino que continuará hasta el fin la obra que comenzó en ellos).

Cerremos el culto con la comunión, que es, de hecho, otro tipo de conmemoración. Hagamos referencia al monumento conmemorativo durante todo el año, para recordarles a los jóvenes lo que Dios hizo, está haciendo y hará en ellos.

Jon Davidson

MUY UNIDOS

Los adolescentes aprenderán la definición de trabajo en equipo muy rápidamente con este ejercicio que los motiva a estar unidos. Coloquemos a los chicos en parejas y atemos la mano derecha de uno con la mano izquierda del otro usando trozos de 60 centímetros de cuerda suave o de tela. Hagamos un nudo en cada extremo, pero con cuidado de que no se afloje ni restrinja la circulación. Mientras los chicos juegan, comen, asisten a reuniones y realizan sus rutinas diarias, ayudémosles a pensar en esta experiencia como una parábola acerca de vivir la propia vida teniendo en cuenta a los demás.

Antes de atar a los chicos, expliquemos todas las precauciones de seguridad que tienen que tomar: deberán moverse más lento que de costumbre, avisar con anticipación acerca de sus cambios de dirección al caminar, no tirar de la cuerda, estar siempre atentos al compañero. Fijemos reglas acerca de los momentos para ir al baño y de privacidad. Cuando se reúna el grupo, enfaticemos una y otra vez las cuestiones de seguridad. *Pat McGlone*

SERENIDAD POR LAS NOCHES

Tranquilizar una habitación llena de adolescentes por las noches ya no será un problema. Está comprobado que el escuchar historias hace que descienda la frecuencia cardiaca y respiratoria en las personas, permitiéndoles relajarse.

Y hay un modo en el que podemos lograr que el momento de las historias antes de dormir produzca un doble efecto: contemos historias de nuestra propia vida. Parte de la experiencia de un campamento consiste en afianzar los lazos entre los acampantes y los consejeros, y al contar anécdotas personales graciosas acerca de nuestra vida permitirá a los chicos conocernos mejor y relacionarse mejor con nosotros. Con un poco de planificación anticipada, podremos hacer una suave transición hacia anécdotas de carácter más serio y finalmente

...Yo tenía más o menos la edad de ustedes cuando tuvieron que arrancarme todas las muelas de juicio. Yo no quise que me pusieran anestesia para poder verlo todo... el torno del dentista era utiliza en los conducto pero tratamientos de parecido al que se más puntiagudo...

todos estarán calmados para dormirse luego de una oración grupal. *Kevin Turner*

ANIMALES DE PELUCHE

Los chicos pequeños, o los preadolescentes, a menudo pueden sentirse inquietos al tener que estar lejos de su casa durante una semana entera para asistir a un campamento. Podemos ayudarlos a calmar su ansiedad, poniendo como regla obligatoria que todos lleven su animal de peluche favorito al campamento. (¡Muchos deseaban hacerlo seguramente!)

Una vez en el campamento, deben entregar los animales inmediatamente a un líder designado (aclarémosles que serán tratados muy bien.) El líder deberá llevar todos estos amigos peludos a una habitación privada y elegirá premiar al más esponjoso, al más adorable, al más mimoso, al de los ojos más brillantes, al más gastado por amor, al que invita más a abrazarlo, al que más ganas provoque de acurrucarse junto a él, al más original, y cosas semejantes.

Luego de la cena, esa misma noche, dispongamos todos los animales de peluche en el salón de reuniones. Levantemos a uno por uno mientras vamos leyendo los premios y permitamos a los chicos adivinar a quién pertenece cada muñeco. A lo largo de la semana, los chicos dormirán con alegría y orgullo por sus animales de peluche, ya que todo el mundo tiene uno. *Carolyn Peters*

NATURALEZA HUMANA

En algún momento durante el próximo campamento o retiro de fin de semana, enviemos a los adolescentes a dar un paseo para observar la naturaleza. Podemos indicarles que deben prestar atención y encontrar una hoja que sirva para describirse a sí mismos frente a los demás. Cuando los adolescentes regresen, juntemos a todos y que cada uno explique por qué escogió esa hoja en particular. Leamos algunos versículos bíblicos que hablen acerca de las hojas, por ejemplo Proverbios 11:28 y Salmo 1:1-3.

Esta sencilla actividad puede abarcar una multitud de temas, incluyendo la obediencia, la auto-imagen y las similitudes y diferencias dentro de una familia. *Laura Weller*

CONTEMPLAR LAS ESTRELLAS

¿Buscamos un modo inusual pero eficaz de introducir una charla o un devocional durante el próximo campamento o viaje de fin de semana? Si tenemos planeado acampar lo suficientemente lejos de la ciudad como para tener cielos nocturnos oscuros, preparemos esta actividad, con un poco de estudio y anticipación, y sorprendamos a los chicos. Lo primero que debemos hacer es buscar en algún libro de astronomía (¡cuidado, no astrología!) o en Internet información acerca de las estrellas y constelaciones que podrán verse desde ese lugar en esa época del año, ya que las estrellas que pueden verse desde el hemisferio sur no son las mismas a las del hemisferio norte, y además varían de acuerdo con la época del año. Desde el hemisferio sur, por ejemplo, podemos observar las Tres Marías, la Cruz del Sur, la constelación de Orión, etc. Podemos realizar copias del mapa celeste que se verá desde el campamento, una para cada líder o una para cada acampante.

En la noche elegida, encontremos un lugar alejado de las luces de la ciudad y del campamento (un campo, la cima de una montaña, incluso puede servir el lugar destinado a estacionar (los autos que deberán estar con las luces apagadas). Intentemos que la vista del cielo sea lo más amplia posible, lo ideal sería que se viera de horizonte a horizonte. Entonces permitamos a los chicos buscar las estrellas y constelaciones en el cielo con ayuda de los mapas.

Recordemos que las estrellas están verdaderamente ahí, pero las constelaciones son agrupamientos arbitrarios y artificiales de estrellas, originados por la imaginación del hombre. Desde tiempos antiguos los hombres las llamaron con distintos nombres y les adjudicaron diferentes interpretaciones. Muchos usan las estrellas para adivinar el futuro, pero nosotros no. Podemos proponer a los chicos crear sus propias interpretaciones bíblicas para reemplazar la mitología relacionada con las constelaciones. Por ejemplo, un león puede hacernos recordar a Cristo, un escorpión a Satanás, la Cruz del Sur puede recordarnos el sacrificio de Jesús. Podemos tener preparadas de antemano algunas lecturas bíblicas apropiadas, y conversar sobre el tema con los jóvenes allí mismo, bajo las estrellas. *Doug Partin*

¡ASÍ ES MI VIDA!

Este ejercicio acerca de la autoestima y las relaciones se divide en tres pasos y es ideal para retiros en los que no haya demasiadas personas y todos se conozcan al menos un poco.

La primera parte consiste en completar «tarjetas de vida». Solicitemos a cada joven que escriba la siguiente información en tarjetas de distintos colores:

Celeste: Mis anhelos y sueños para el futuro.

Amarillo: Algo por lo cual estoy agradecido.

Verde: De qué modo mi presencia ha establecido una diferencia en el mundo.

En la segunda parte, cada joven deberá escoger los tres rasgos de carácter que mejor lo describan, según su opinión. Pueden elegirlos de la lista que se presenta a continuación, o agregar otros que se les ocurran:

Soy compasivo	Tengo sentido del humor
Sé escuchar	Soy creativo
Soy confiable	Soy humilde
Soy leal	Soy rápido para perdonar
Soy comprensivo	Soy alegre
Me importan los demás	Me gusta ayudar
Soy optimista	Sé guardar secretos

Cada uno debe escribir los tres rasgos que mejor lo representen en una tarjeta anaranjada. Luego todos colocarán en un sobre sus cuatro tarjetas, los sobres se mezclarán y se repartirán nuevamente entre los acampantes. En el tercer paso, cada uno deberá abrir el sobre que le tocó, leer las cuatro tarjetas y descubrir de quién se trata. Para finalizar, pueden orar unos por otros, agradeciendo por las cosas buenas, pidiendo la ayuda de Dios para cambiar sus defectos, y poniendo en las manos del Señor sus sueños y anhelos. *Bruce Clanton*

MINI FOGATAS

Finalicemos el retiro o campamento en un modo inusual… con mini fogatas. Separemos a los chicos en varios círculos para que se diviertan simultáneamente alrededor de mini fogatas. Que estos grupos, de cinco a quince acampantes, vayan cambiando de lugar cada diez o quince minutos, rotando por todas las mini fogatas. En cada círculo un líder (que permanecerá fijo en su mini fogata) podrá cantar una canción o dos con el grupo, analizar un pasaje de las Escrituras, dar una breve charla y cerrar con una oración. También los líderes de cada círculo pueden realizar algo creativo y diferente como disfrazarse de algún personaje bíblico y recitar un monólogo moderno, o dirigir canciones de adoración durante los diez minutos completos, leer pasajes de las Escrituras, o simplemente guiar a los acampantes a una conversación acerca de lo que vivió cada uno durante el retiro.

Con respecto a las mini fogatas propiamente dichas, si no resulta posible encender fogatas reales para cada círculo de personas, de todos modos podemos encender una fogata segura, siempre y cuando estemos al aire libre (no utilicemos este método en interiores, ni siquiera bajo un refugio con techo): Debemos enterrar en el suelo una lata grande hasta que las tres cuartas partes de la lata se encuentren bajo tierra (la lata debe ser del tamaño en que viene casi toda la comida comprada al por mayor). Si no podemos enterrar las latas, amontonemos tierra o arena alrededor de ellas para que tengan estabilidad. Llenemos las latas con kerosén hasta que el nivel esté en 8 centímetros por debajo del borde superior. Pero únicamente con kerosén; no se puede utilizar ningún otro combustible para este fin. Coloquemos un trapo con un extremo dentro de la lata y encendamos el otro extremo con un fósforo, tendremos así una mini fogata que durará varias horas encendida. Para sofocar el fuego de estas fogatas artificiales, coloquemos un trozo de metal plano sobre las latas. *Tommy Baker*

JUEGOS

DÍGALO CON MÍMICA

Esta versión del juego tradicional es perfecta para divertirse alrededor de una fogata. Los chicos deben hacer pantomimas representando una de las siguientes acciones o cosas:
• Una bombilla que se quema
• Una fogata chispeante
• Una horrenda tormenta eléctrica
• La puerta de un cuarto de baño que rechina
• Un insecto trepando por el plato de un acampante
• Una serpiente sobre el césped
• Una rasgadura en los pantalones de un acampante (¡tú interpretas la rasgadura!)
• Un saco de dormir que se enrolla y se desenrolla
• Alguien duchándose con el agua fría del campamento
• Diez mosquitos picándote todos al mismo tiempo
• Alguien haciendo arcadas por la comida del campamento
• Unos granos de maíz arrojados a la fogata (¡que explotan y luego se queman!) *Michael A. Nodland*

EN PIE DE GUERRA

Este entretenimiento es excelente para los campamentos. Debemos colgar un caño de 16 centímetros, atado por sus dos extremos, de las ramas de algún árbol; podemos reemplazar el caño por una rama de superficie lisa. Cada habitación o equipo elige un participante. Se coloca un participante en cada extremo y cada uno trata de tirar al otro con una almohada. No vale sujetarse de las sogas, excepto para levantarse. Aquél que toque el suelo, o que sea volteado por el otro de manera que quede colgado cabeza abajo tres veces, pierde. Colocar colchones debajo para proteger a los participantes. Ver quién

aguanta la mayor cantidad de tiempo. Este juego es muy celebrado por chicos de todas las edades. *Delbert W. Meliza*

DOMAR EL BARRIL

Esta es una maravillosa idea para campamentos con una temática campestre. Requiere, sin embargo, algo de trabajo y preparación. Consigamos un barril vacío de 200 litros y sujetémoslo con cuatro ganchos, dos en cada extremo, en lo posible soldados. Luego atemos a cada gancho una cuerda gruesa o un cable y amarremos los cuatro extremos a cuatro árboles o postes. El barril debe quedar suspendido unos 50 centíme-

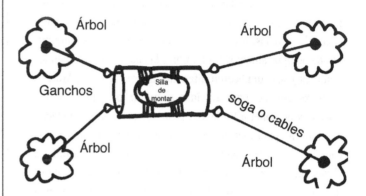

tros en el aire. Finalmente, aseguremos una silla de montar al barril para que un jinete pueda sentarse sobre esa silla. El juego comienza cuando cuatro chicos fuertes toman cada uno una de las cuerdas y jalan de ella, con movimientos hacia arriba y hacia abajo, mientras el jinete intenta mantenerse sobre el barril. Anotemos el tiempo que soporta cada jinete sin caerse. Coloquemos, por seguridad y mayor protección, algunos colchones debajo del barril. *Roger Disque*

CACERÍA GRUPAL

Este es un juego de persecución por grupos para campamentos. Cada grupo debe eludir al resto de los grupos durante un período determinado en una zona boscosa. Podemos amarrar a los integrantes de los grupos con una soga para que permanezcan juntos. La idea es que los grupos se muevan en forma rápida y silenciosa, y que trabajen juntos como una unidad. Podemos agregarle mas dificultades al juego. Luego finalizaremos con una charla acerca de la cooperación y la unidad. *Dick Babington*

ESQUÍ SOBRE BARRO

¿Por qué permitir que la lluvia arruine el campamento? El

césped se pone muy resbaladizo cuando está mojado. Escojamos la pendiente del terreno que resulte más conveniente y aceptable, y permitamos a los chicos que se deslicen por ella, con o sin tablas. En poco tiempo el pasto cederá, y entonces tendrán un lindo tobogán de barro. *Rogers E. George III*

FUERA BOMBAS

Este es un juego ideal para campamentos con chicos de los primeros años de la secundaria. Necesitaremos muchos globos (consigamos de los buenos, de los que no se rompen tan fácilmente) y un bosque con muchos árboles y pequeños senderos.

Debe haber tantos colores de globos (que serán las bombas) como cantidad de equipos. Indiquemos a cada grupo cuál será su color.

Antes de comenzar el juego, tenemos que esconder los globos inflados, clavándolos con chinches a los árboles o troncos caídos. No deben quedar muy escondidos.

Cuando se dé la señal para comenzar el juego, los acampantes deberán capturar las bombas de los otros equipos (sin romperlas), y entregarlas al líder que se determine para ganar puntos. También tendrán que encontrar sus propias bombas y destruirlas (hacerlas explotar) antes de que algún miembro de otro equipo las pueda entregar al líder.

El líder designado para recibir las bombas y poner puntos, debe encontrarse en alguna ubicación central del bosque, y alrededor de él estará marcada la zona desmilitarizada: allí nadie podrá ser atacado. El objetivo es capturar los globos y entregarlos sanos y salvos. Cada bomba inflada que es entregada en buenas condiciones vale cincuenta puntos.

Si deseamos recuperar las chinches, llamémoslas Detonadores y otorguemos cinco puntos por cada detonador que se le entregue al líder. De este modo, aun si una bomba fuera destruida, la persona puede ganar cinco puntos por el detonador. Advirtamos que no se le pueden quitar los detonadores a un jugador que ya los tiene en su poder. Este juego proporcionará aproximadamente cuarenta y cinco minutos de diversión. *Tim Widdowson*

ESCONDIDAS POR HABITACIÓN

Podemos darle un giro innovador a un antiguo juego. En esta versión de las escondidas, los que se esconden y los que buscan deben estar todo el tiempo con su grupo de habitación, nunca en forma individual. Es un manera muy divertida y ayuda a construir el sentido de unidad de las habitaciones, tan importante para cualquier campamento.

Un tercio de las habitaciones serán los buscadores, mientras que todo el resto se esconderá. Los grupos buscadores deberán esperar diez minutos en algún lugar aparte, por ejemplo el salón de reuniones. La regla más importante consiste en esconderse todos juntos, como grupo. En otras palabras, si una habitación decide ocultarse detrás de un árbol, entonces todos los integrantes del grupo tendrán que caber detrás de ese árbol. Si se esconden debajo de un remolque, todos deberán arrastrarse debajo del remolque y permanecer juntos.

Del mismo modo, los grupos que estén buscando al resto deberán permanecer juntos mientras buscan. Los consejeros deben recordarles permanentemente las reglas o pueden entregar una soga de 6 metros, aproximadamente, a cada grupo, tanto a los que se esconden como a los que buscan. La consigna será que todos los miembros del grupo permanezcan sujetos de la soga o se verán descalificados.

Fijemos un límite de tiempo para la búsqueda, y otorguemos puntos de la siguiente manera: quinientos puntos si nadie los encuentra, y seiscientos puntos por capturar a un grupo. Cada vez que jueguen, un tercio diferente de los grupos será el que busque. El juego es mejor cuando se juega de noche y sin usar linternas. Después de todo, ino es fácil esconderá una habitación entera! *Don Crook*

TRONCOS Y MÁS TRONCOS

Podemos planear una tarde entera de juegos usando objetos de la naturaleza que habitualmente están presentes en la zona del campamento. Es probable que estos juegos hayan sido también realizados por algunos leñadores largo tiempo atrás. Todo debe organizarse en medio de una atmósfera de kermés de pueblo y la pueden disfrutar los acampantes de cualquier edad.

Las siguientes son algunas sugerencias de actividades posibles:

- **Puntería con aros:** En el bosque suele haber muchos tipos de enredaderas. Podemos convertir algunas en aros o círculos, atando las ramas y enroscando las puntas. Coloquemos algunas estacas en el suelo, marquemos una línea de lanzamiento, y otorguemos puntos dependiendo de la dificultad de los tiros. Si no conseguimos enredaderas, podemos utilizar sogas, alambre, o cualquier otra cosa similar.

- **Equilibrio sobre troncos:** Cortemos un tronco que tenga aproximadamente 60 centímetros de diámetro y que sea lo más circular posible. Luego coloquémoslo en una línea de partida. Los jóvenes deberán hacer equilibrio sobre él y caminar hasta la línea de llegada. Si se caen, deberán comenzar de nuevo.

- **Rodar sobre el tronco:** Podemos emplear el mismo tronco anterior, pero ahora dos participantes de equipos distintos deben pararse sobre el tronco, uno en cada extremo, y disfrutar del antiquísimo juego de mover el tronco para que el otro caiga.
- **Tirar del tronco:** Cortemos un tronco y hagamos una ranura en la corteza de tal modo que podamos atar una soga alrededor de él. Los chicos luego competirán, intentando arrastrarlo a lo largo de cierta distancia en el menor tiempo posible. Podemos preparar troncos de distintos tamaños para grupos de distintas edades. Una variante de este juego es que dos grupos compitan tirando de los extremos, como en una cinchada.
- **Juego de bolos con troncos:** Debemos escoger una rama resistente de algún árbol y atarle una soga. Luego, al otro extremo de la soga, atemos un tronco que quede colgando hacia abajo. Entonces cortemos cuatro trozos de tronco pequeños y coloquémoslos de pie cerca del tronco colgante. El tronco colgante se convierte entonces en la bola de boliche: debe tirarse hacia atrás un par de metros, y luego soltarse para derribar los trozos pequeños.
- **Lanzamiento de troncos:** Esta actividad es una especie de lanzamiento de jabalina. Consigamos un tronco largo y delgado para que los chicos compitan a lanzarlo lo más lejos que puedan. *Butch Garman*

CARRERAS DE RASTRAS

Una rastra es un vehículo primitivo (también llamado travois) que fue empleado por los aborígenes del norte y del sur de América para trasladar personas o cargas a lo largo de las llanuras. Estos vehículos no contaban con ruedas, ya que estos aborígenes todavía no las conocían. Consistía en dos troncos largos cruzados formando una X, con dos patas cortas y otras dos más largas. En el cruce de los troncos se ataba una plataforma. En la parte de adelante se colocaba un caballo que arrastraba la rastra por el suelo sobre las patas traseras de la X. Seguramente no contamos con un establo, ni con caballos, y sería peligroso jugar con ellos de todas maneras, pero podemos organizar carreras de rastras usando dos personas en lugar de un caballo para arrastrar el vehículo. Una tercera persona puede ir sentada sobre la plataforma.

Necesitaremos una gran cantidad de árboles jóvenes o pequeños, de unos tres metros o dos metros y medio de largo, que tengan las ramas cortadas. Si los árboles no precisan ser talados, utilicemos solamente las ramas que hayan caído por el viento o por alguna tormenta, en lugar de arrancar ramas de árboles vivos. También precisaremos martillos, clavos y sogas resistentes. Tracemos una larga pista de carreras, preferentemente que suba y baje colinas y que atraviese obstáculos.

Dividamos al grupo en equipos de doce personas. Cada equipo deberá escoger ocho «caballos» y cuatro personas que harán de «carga», para poder realizar una carrera con cuatro relevos. Concedamos entre cuarenta y cinco minutos y una hora a cada equipo para que construyan sus rastras. Brindemos la ayuda que necesiten.

Cuando todos hayan terminado, coloquemos las rastras en la línea de partida y enviemos a los distintos equipos de relevo a sus respectivas ubicaciones. Cada rastra deberá ser tirada por dos «caballos» y llevar una persona sentada en la plataforma. En la primera parada, cambiarán de equipos y continuarán hasta la segunda parada, y así hasta el final. La verdadera prueba de estabilidad será que la rastra resista la carrera entera. Podemos otorgar un premio al equipo que llegue primero, y otro premio al que haya construido la rastra más fuerte y duradera. *Adrienne E. Anderson*

COMPETENCIA DE SUPERESTRELLAS

Esta es una actividad que siempre resulta divertida, pero que es especialmente grandiosa en los campamentos. El que logre el mayor puntaje será el ganador. Normalmente se divide la competencia en diez postas (pero podemos realizar la cantidad necesaria). Cada participante selecciona siete juegos en los cuales competir. Podemos, también, hacer que todos compitan en todas las postas, pero al brindar a los chicos la oportunidad de elegir siete, las cosas se equilibran un poco. En una versión que se hizo para televisión, tan solo los tres mejores participantes en cada juego recibían puntos. Podemos modificarlo y permitir que los diez mejores reciban puntos. Por ejemplo, el primer lugar podría recibir diez puntos, el segundo lugar nueve puntos, y así sucesivamente. Si alguien consiguiera el primer lugar en todas las postas tendría un total de setenta puntos, aunque es muy poco probable.

Es mejor escoger juegos que no ofrezcan una ventaja enorme a los chicos que sean mejores deportistas o atletas, más inteligentes, mayores que el resto, o algo por el estilo. De esta manera todos tendrán oportunidades y la competencia resultará más divertida. Algunos ejemplos posibles son:

• Lanzamiento de pequeños globos rellenos con agua a distancia.

• Lanzamiento de calzado, es decir, un zapato o zapatilla colocado flojo en el pie, es lanzado lo más lejos posible de una sacudida.

• Carrera de botes o kayacs.

• Competencia de chapuzones: se puede premiar al más feo, al más artístico, o al que más salpicó.

• Béisbol gigante: se pueden utilizar pelotas de voleibol para que los chicos bateen con la mano izquierda.

• Carrera de embolsados con sacos de patatas.

• Lanzamiento de aviones de papel: cada uno construye su avión y luego se compite lanzándolo lo más lejos posible.

• Carreras con zancos (¡divertidísimo!).

• Lanzamiento de dardos: se pueden lanzar a un tablero o a globos para que exploten.

• Certamen de matemáticas: los chicos deben resolver un problema en el menor tiempo posible.

• Concurso de chistes o de lectura dramática: se necesitarán jueces para poner el puntaje.

Podemos dividir estos juegos para realizarlos de a poco, en distintos días del campamento. También podemos organizar todas las postas de forma simultánea, para que los chicos recorran una tras otra. Debemos registrar los puntajes en tarjetas a medida que participan. Cuando todos hayan terminado, anunciaremos los ganadores de cada categoría. Quien tenga la mayor cantidad de puntos en total será declarado Superestrella y se le entregará un trofeo adecuado, seamos creativos con esto. *Ken Lentz*

Los chicos necesitan saber y experimentar que el trabajo misionero no se lleva a cabo en países extranjeros solamente. Las propuestas que se enumeran a continuación los incentivarán a colaborar con los misioneros que están en el exterior, pero desde su propia casa, desde su ciudad. Un paseo en automóvil para recolectar Biblias usadas, una maratón de confección de vendajes para hospitales en el campo misionero, una cacería de suministros, son algunas actividades que beneficiarán al trabajo de las misiones y, por otro lado, ayudarán a nuestros jóvenes a comprender los aspectos locales y personales del trabajo misionero.

TESTIMONIO PERSONAL POR ESCRITO

¿Deseamos asegurarnos de que nuestro grupo de jóvenes comprenda la importancia de tener un testimonio preparado para cuando les hablen a sus amigos o para utilizar durante los viajes misioneros o de servicio?

Esta idea consiste en una parte de estudio bíblico, y otra de ejercicio escrito. El estudio bíblico sobre la conversión de Pablo es un buen modo de abrir la sesión. Dirijamos la charla de forma inductiva a medida que los chicos leen el pasaje de Hechos 26:1-23. Luego dejemos un tiempo para que escriban sus propios testimonios. Leamos junto con ellos las hojas de trabajo de las páginas 58 y 59, permitamos que los chicos verbalicen sus respuestas individuales para cada pregunta antes de escribirlas. Cuando todos hayan terminado, pidamos que algunos, o todos, den sus testimonios en pequeños grupos. *Vaughn Van Skiver*

RECOLECCIÓN DE BIBLIAS USADAS

¿Alguna vez contamos el número de Biblias que tenemos en nuestros hogares? Muchas familias tienen varias Biblias que nunca leen. ¿Por qué no intentamos recorrer las casas con un automóvil para recolectar esas Biblias extras y darles un buen uso? Anunciemos en nuestra congregación que estaremos recolectando Biblias y otros materiales de lectura cristianos para enviarlos a personas que no cuentan con esos materiales. Luego podemos enviar las Biblias y libros a alguna agencia misionera o algún ministerio que pueda repartirlos entre personas que los necesiten. *Dawn Cahill*

FABRICACIÓN DE VENDAJES

Siempre se necesitan vendajes en los hospitales de los campos misioneros de otros países. Si recolectamos sábanas viejas que estén limpias, los chicos pueden cortarlas en tiras de 5 a 10 centímetros de ancho y enrollarlas como vendajes para ser distribuidas entre misioneros y hospitales. Un grupo organizó una maratón de vendajes y consiguió patrocinadores que se comprometieron a dar entre diez centavos y un dólar (o lo que podía cada uno) por cada vendaje que el grupo de jóvenes enrollara en ese día. El grupo acabó la tarea con más de seiscientos vendajes y una buena cantidad de dólares para donar a quienes los necesitaran. *Tom Sykes*

Testimonio personal por escrito
El ejemplo del apóstol Pablo

Uno de los privilegios y responsabilidades que tenemos los cristianos es predicar a otros nuestra fe en Cristo. Aunque podemos emplear muchos métodos o planes para comunicar nuestra fe, ninguno resulta más eficaz que testificar de la manera en que el amor, la gracia, y la misericordia de Cristo cambiaron nuestras vidas.

Las personas a las que testificamos pueden evadir ciertos temas, intentar desacreditar hechos históricos y bíblicos, o culpar a otros de su condición. Pero es difícil ignorar el testimonio auténtico de un creyente cuya vida ha sido transformada.

Ese es el objetivo de esta lección. Completar la hoja de trabajo nos equipará mejor para realizar una presentación lógica y organizada de quién es Cristo Jesús y de lo que él ha hecho en nuestra vida.

Emplearemos la historia de la conversión de Pablo en Hechos 26:1-23 como modelo para nuestro testimonio.

ACTITUDES Y ACCIONES DE PABLO ANTES DE SU CONVERSIÓN.
Leer el texto bíblico: Hechos 26:1-23

- Vivía como un fariseo: versículo 5 (ver también Gálatas 1:13-14)
- Metió en la cárcel a muchos santos: versículo 10
- Aprobó la muerte de muchos santos: versículo 10
- Perseguía a los cristianos: versículo 11

CIRCUNSTANCIAS QUE RODEARON LA CONVERSIÓN DE PABLO.
Leer 2 Corintios 5:17 y Gálatas 6:15

1. ¿Hacia dónde se dirigía él? _____

2. ¿Qué hora era? _____

3. ¿Qué vio él? _____

4. ¿Quién estaba con él? _____

5. ¿Qué escuchó él? _____

CAMBIOS EN LAS ACTITUDES Y ACCIONES DE PABLO LUEGO DE SU CONVERSIÓN.
(Leer 1 Juan 1:5-9 y 2:3-6)

¿Qué evidencias del arrepentimiento y de la conversión de Pablo podemos encontrar en los siguientes versículos?

6. Hechos 26:19 _____

7. Hechos 26:20 _____

8. Hechos 26:21 _____

9. Hechos 26:22-23 _____

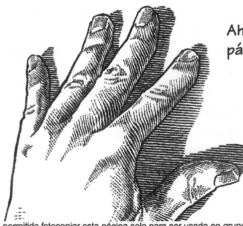

Ahora pasemos a la
página siguiente...

Tu testimonio personal escrito

¡Tu turno!

INTRODUCCIÓN
- ➡ Nombre
- ➡ Edad
- ➡ Escuela
- ➡ Ciudad

ACTITUDES Y ACCIONES ANTES DE QUE ME CONVIRTIERA EN CRISTIANO: De ser apropiado, incluyamos nuestro trasfondo familiar o religioso. Evitemos nombrar denominaciones religiosas, ya que esto puede resultar antipático u ofensivo para algunos de nuestros oyentes.

1.

2.

3.

4.

5.

CIRCUNSTANCIAS QUE RODEARON MI CONVERSIÓN: Tengamos en consideración la fecha, la hora, el lugar, las personas, la motivación. Este es un momento apropiado para resumir el evangelio: la muerte, entierro, y resurrección de Cristo Jesús.

1.

2.

3.

4.

5.

CAMBIOS EN MIS ACTITUDES Y ACCIONES A PARTIR DE MI CONVERSIÓN (¡Con entusiasmo!):

1.

2.

3.

4.

5.

COMENTARIOS VARIOS:

Equipos P.O.M.

P.O.M. significa Programa de Orientación Misionera. La idea es enviar a los jóvenes a trabajar con misioneros en el campo de misión durante un breve período. Los adolescentes experimentarán en carne propia cómo es estar en el campo misionero. También será bueno que ellos mismos buscaran algunos pequeños trabajos para reunir el dinero que el viaje implica. P.O.M. tiene un doble significado, porque se espera que todos los adultos y jóvenes que se quedan en casa Participen Orando Mucho. Cualquier misionero se sentirá feliz de tener jóvenes entusiastas que vayan a ayudarle con distintos proyectos durante algún tiempo. Un programa de ese estilo, a menudo, es un punto de inflexión en la vida de un joven, y probablemente en esos momentos intente decidir de qué modo desea servir a Dios. *Earl Justice*

Si cada uno trae un poco...

Un modo simple y de bajo costo para reunir la comida y provisiones que se necesitan en un campamento de trabajo o un proyecto de servicio consiste simplemente en confeccionar el menú y preparar una lista de compras, luego colocar en la entrada de la iglesia esa lista con un espacio en blanco al lado de cada ítem. Las personas podrán anotar sus nombres junto a los productos que desean donar. No olvidemos incluir instrucciones acerca de dónde y cuando llevar las donaciones. Este es un modo práctico de alivianar un presupuesto ajustado para un proyecto de servicio.

___ 1 ensalada de papas grande	___ 2 docenas de panes para
___ 1 frasco pequeño de mostaza	hamburguesa
___ 2 plantas de lechuga	___ 1 cebolla grande
___ 2 paquetes de papas fritas	___ 2 paquetes de papas fritas
___ 8 litros de leche	___ 8 litros de leche
___ 2 panes blancos en rebanadas	___ 2 panes blancos en rebanadas
___ 4 docenas de huevos	___ 2 panes tipo baguette
___ 2 kilos de bananas	___ 5 kilos de naranjas
___ 2 docenas de panes para	___ 2 cajas de cereales
hamburguesa	___ 150 gramos de fiambre en
___ 200 gramos de queso en fetas	fetas
___ 2 latas grandes de sopa de	___ 150 gramos de fiambre en
vegetales	fetas
___ 200 gramos de queso en fetas	___ 2 docenas de panecillos dulces
___ 2 frascos de mermelada o jalea	___ 2 paquetes de polvo para preparar chocolate caliente

Mike Stipe

Campamento de trabajo desde casa

La idea de un campamento de trabajo no es nueva, por supuesto, pero muchos grupos de jóvenes simplemente no tienen los recursos para encarar proyectos muy lejos de casa. El «Campamento de trabajo desde casa» proporciona todos los beneficios de un campamento de trabajo, pero sin la necesidad de viajar lejos o de dormir fuera de casa.

Encontremos un lugar a unos pocos kilómetros de la ciudad, o incluso dentro de la misma ciudad, que necesite ayuda. Los proyectos de trabajo estarán determinados por las necesidades que observemos. Podemos pintar, remodelar, o realizar pequeños trabajos de construcción en lugares cuyos dueños sean ancianos, viudas, o familias sin trabajo.

Para cualquier proyecto elegido, los jóvenes deben reunir el dinero y comprar los materiales. Algunos miembros de la iglesia pueden colaborar con dinero o pagar «becas» a determinados jóvenes. También podemos conseguir patrocinadores que ofrenden parte de los materiales.

Además del trabajo, tenemos que planificar las comidas de los jóvenes, y también actividades para las tardes y noches, como películas o juegos. Los chicos van a sus casas a dormir y regresan al lugar por las mañanas durante una cantidad predeterminada de días. Puede resultar un programa interesante para el resto de la iglesia si mostramos las fotos y filmaciones de los chicos trabajando, intercaladas con testimonios del grupo y de las personas beneficiadas. *Jim Beal*

Entradas para las misiones

Si deseamos ayudar a reunir las provisiones necesarias para un hospital de misión patrocinado por nuestra iglesia o denominación, podemos cobrar una entrada «en especies» para la reunión semanal de jóvenes durante un mes. Cada chico que asista deberá llevar uno de los siguientes ítems para poder ingresar:

Aspirinas (para niños o adultos)
Multivitamínicos (con o sin hierro)
Suplementos de hierro
Ungüento antibiótico
Cinta adhesiva (la de uso médico)
Gasas
Vendas
Hilo blanco de algodón
Tarros de plástico y frascos de vidrio
Jabón de baño
Pequeños juguetes para la sala de niños
Pañales

Cereal para bebés

Sopa instantánea

Cepillos para fregar

Toallas sanitarias

Toallas de mano

Mantas o sábanas

Uniformes para enfermeras o enfermeros (especificar colores, tamaños y tipos de tela)

Modifiquemos la lista para adecuarla a las necesidades del hospital de misión elegido. *Tommy Martin*

CACERÍA DE SUMINISTROS

Si estamos planeando un viaje misionero y necesitamos la donación de suministros (herramientas, materiales de construcción, ropa, y otros), consideremos la idea de organizar una «Cacería de suministros» algunas semanas antes del viaje. Enviemos a los adolescentes a recorrer la comunidad con una lista similar a la que figura más abajo, y nos sorprenderemos al ver cuántas cosas buenas y útiles pueden conseguir. Es una actividad que vale la pena realizar… ¡y muy divertida también!

Martillo (la cabeza o todo completo)

Rastrillo (roto o entero; ¡siempre podemos cambiar el mango roto!)

Guantes de trabajo (en cualquier estado)

Guantes de goma para trabajar con cemento

Picos (de cualquier tipo)

Palas (puntos extras si están en buenas condiciones)

Gafas protectoras de plástico

Brownies o bizcochos con chispas de chocolate

Azada (en cualquier estado)

Una caja de clavos de construcción

Mezcladora vieja de cemento (de cualquier tipo)

Carretilla

Steve Mabry

CONTACTO CERCANO

¿Deseamos motivar a los chicos a pensar en las misiones mundiales? ¿Buscamos que se sientan conectados a misioneros de la vida real? Organicemos una llamada telefónica (por altavoz) entre nuestro grupo de jóvenes y un misionero que se encuentre trabajando en el exterior. Es fácil de hacer, alentará al misionero, y les abrirá los ojos a los adolescentes en cuanto a lo que es la vida real en el campo misionero.

Consigamos la dirección y número telefónico de algún misionero que nuestra iglesia esté apoyando en el exterior; una familia de misioneros con un hijo o hija adolescente sería

lo mejor. Llamémoslo o escribámosle para comprobar su interés y disponibilidad para hablar con los chicos. Acordemos con él una fecha, un horario y anticipémosle algunas de las preguntas que los adolescentes puedan realizarle.

Una vez que tengamos preparada y acordada la cuestión con el misionero, organicemos una Noche de Misiones, centrada en ese misionero. Un buen modo de mantener ordenada la sesión de preguntas y respuestas es seleccionar a un joven para que sea el vocero durante la conversación telefónica. Todos los demás podrán escuchar por el altavoz.

Luego de concluida la llamada, conversemos con el grupo acerca de los procedimientos necesarios para que alguien se convierta en misionero, qué se necesita y cómo apoyar en forma activa el trabajo de un misionero a través de cartas, oración o ayuda financiera. Si fuera apropiado, sugiramos al grupo que se mantenga en contacto con el misionero en forma regular a través de llamadas telefónicas, e-mails, y paquetes enviados por correo. Cuando ese misionero venga al país para su tiempo de descanso o de capacitación, organicemos un encuentro cara a cara entre él (y su familia) y nuestro grupo de jóvenes. *Cheryl Ehlers*

NOCHE DE MISIONES Y MISIONEROS

Este es un modo creativo de ayudar a los adolescentes a interactuar con aquellos misioneros que se encuentren de visita en la ciudad y aprender de ellos. Invitemos a varios misioneros con sus familias a esta noche especial. Divirtámonos con algunos de estos juegos, y luego sirvamos refrescos mientras los adolescentes y los misioneros se mezclan libremente.

• **¡Concurso de preguntas y respuestas!**
Juguémoslo del mismo modo que los programas de preguntas y respuestas que se ven por televisión, pero todas las preguntas deben referirse a cuestiones particulares del campo misionero o a ideas erróneas comunes acerca de los misioneros y su trabajo. Pidamos a los misioneros que nos ayuden a preparar las preguntas y respuestas con anticipación.

• **Bingo Misionero:** Llenemos los cuadrados con descripciones acerca de los misioneros que nos visitan (más adelante hay un ejemplo). Consultemos a los misioneros acerca de preguntas y respuestas específicas cuando sea necesario. Entreguemos una copia a cada adolescente, e indiquémosles que deben completar cada cuadro solicitando la firma al misionero que corresponda. Los adolescentes deberán firmar con su propio nombre en el casillero central. Otorguemos un premio al primer adolescente que consiga llenar con las firmas correspondientes una fila completa en forma horizontal, vertical, o diagonal. También podemos otorgar un premio al joven que complete primero que los demás todos los casilleros. Antes de comenzar el juego, expliquemos a los jóvenes que los ganadores entregarán sus premios al misionero que elijan. Escojamos regalos que los misioneros puedan disfrutar (libros cristianos, revistas, y cosas semejantes).

• **Historia incompleta:** Utilicemos el modelo de la página 63, pidamos a los chicos que mencionen un adjetivo, el nombre de algún adolescente del grupo, y el resto de las categorías identificadas en los espacios en blanco del texto. Luego leamos en voz alta la historia, empleando las palabras escogidas por el grupo.

Podemos cerrar la noche con una sesión de preguntas y respuestas más serias. Intercalemos las siguientes preguntas, entre las realizadas por los chicos:

• ¿Qué te hizo pensar que Dios deseaba que te convirtieras en un misionero?

• ¿Cómo es vivir en un país extranjero?

• ¿Por qué te fuiste tan lejos, si aquí también hay necesidades espirituales?

Un debate de este estilo puede crear interés sobre los misioneros que la iglesia envía a lugares lejanos y una mayor responsabilidad al respecto. *Rich Starcher*

Bingo Misionero

Soy un misionero que se dedica a la enseñanza	Yo sé hablar en chino	Actualmente me encuentro traduciendo el Nuevo Testamento	Yo tengo tres hijos	Yo era pastor antes de convertirme en misionero
Mi campo misionero son los países árabes	Soy un misionero que se dedica a plantar iglesias	Yo decidí convertirme en misionero cuando ya era adulto	Mi campo misionero es Japón	Yo toco el violín
He comido pescado crudo	Yo solo hablo español	Esta es tu firma	Yo soy hijo de un misionero	Yo sé hablar japonés
Me gradué del Seminario Internacional Bautista	He sido misionero por más de 15 años	Mi campo misionero es Asia	Yo soy misionero desde hace apenas un año	Yo fui misionero durante mucho tiempo en el África
Soy originario de (nombre de una ciudad o provincia)	Yo decidí convertirme en misionero luego de una conferencia juvenil	Me gustan mucho los deportes	Yo soy misionero en una reserva aborigen	A mí me gusta preparar comidas autóctonas

Había una vez un _____ joven llamado _____.
(adjetivo)   (nombre del chico)

Un_____, _____ decidió que el
  (adjetivo)   (día de la semana)   (mismo chico)

Señor lo llamaba a ser misionero en _____. El único problema era que
                                        (lugar)

_____ estaba _____ enamorado de_____ , y
  (mismo chico)   (adverbio)   (nombre de una chica del grupo)

él sabía que ella nunca iba a querer vivir y _____ en un lugar tan
                                                    (verbo)

_____ como _____. ¿Qué podría hacer
  (adjetivo)   (mismo lugar)

_____?
  (mismo chico)

Luego de pensarlo _____ , él decidió_____ de frente, sin
                       (adverbio)   (verbo)

más rodeos. Le dijo a _____: «Tú sabes que yo te amo y te
                          (misma chica)

_____ , pero el Señor me dijo que debo ir a _____ como
  (verbo)   (mismo lugar)

misionero para _____. ¿Vendrías tú conmigo como mi
                     (verbo)

_____?» «¡_____!», exclamó ella, «Yo _____
  (sustantivo)   (exclamación)   (verbo condicional)

por _____ en _____. Allí ellos comen _____
       (verbo)   (mismo lugar)   (sustantivo plural)

_____ , y _____ _____ y esas comidas son mis
  (adjetivo)   (sustantivo plural)   (adjetivo)

favoritas. ¡Por supuesto que _____contigo!»
                                  (verbo)

Y vivieron felices, y comieron _____ , y a mí no me dieron porque yo
                                  (sustantivo plural)

no _____.
      (verbo)

Los adolescentes, al igual que la mayoría de nosotros, tienden a ser ego-céntricos por naturaleza. Por eso, un experiencia valiosa que podemos lograr para ellos es exponerlos a las necesidades de otras personas. Las siguientes páginas están llenas de ideas; en ellas encontraremos sugerencias para ayudar a niños, a ancianos, a pobres, a personas sin casa, a enfermos, a discapacitados y a la comunidad en general. Tal vez nos sorprenda lo animosamente que responderán los miembros de nuestro grupo al ser confrontados con personas en necesidad.

ACTIVIDADES DE SENSIBILIZACIÓN

DIEZ PASOS PARA LA ACCIÓN

Ver las problemáticas que hay en el mundo resulta fácil, pero hacer algo al respecto habitualmente no lo es. Para ayudar a los adolescentes a descubrir lo que pueden hacer ellos, leamos las siguientes instrucciones, de a una por vez, y démosles el tiempo suficiente para que los chicos puedan pensar bien en cada punto. Podemos continuar esta actividad con una conversación o puesta en común.

1. Haz una lista de cinco problemas sociales que ves en tu comunidad.
2. Dibuja un círculo alrededor de tres de esos problemas que la iglesia pueda afrontar.
3. De esos tres, subraya dos de los que tú puedas hacerte cargo.
4. Elige uno de los dos y vuelve a escribirlo.
5. Haz una lista de cinco cosas que deban hacerse para solucionar ese problema.
6. Dibuja un círculo alrededor de dos cosas que tú puedas hacer.
7. De esas dos cosas, subraya una que vas a hacer.
8. ¿Qué cosas te estorbarán para cumplir esta tarea?
9. ¿Qué cosas te ayudarán a realizarla?
10. ¿La realizarás? *Homer Erekson*

¿QUIÉN ES QUIÉN EN LA IGLESIA?

¿Buscamos un modo de aumentar la sensibilidad de los jóvenes hacia el resto de los miembros de la iglesia? Elaboremos un libro de información sobre las familias de la iglesia. Podemos utilizar la nómina de miembros de la iglesia. Luego asignemos el nombre de cada individuo y familia de la iglesia a un grupo de dos o tres jóvenes para que los contacten y hagan una cita para visitarlos. Enviemos con los jóvenes una lista de preguntas parecidas a las que se hacen en un censo: número de miembros en la familia, edades, fechas de cumpleaños, lugar de nacimiento, trabajo, a qué escuela asisten (o asistieron), títulos obtenidos, hobbies, intereses, y cosas por el estilo.

Podemos almacenar la información obtenida por los gru-

pos en una computadora y actualizarla anualmente. Los jóvenes pueden también compilar un pequeño libro para ser distribuido a cada familia durante una segunda visita, asegurando de este modo que cada familia de la iglesia sea visitada dos veces al año. Los jóvenes comenzarán así a comprometerse a visitar a otros, en especial a aquellos que no conocen. De ese modo se desarrollarán relaciones entre las generaciones, y la iglesia, además, se verá beneficiada con un valioso recurso de información. *Greg Miller*

NIÑOS

RENOVACIÓN DE LA GUARDERÍA

Es difícil encontrar un proyecto de servicio que todo el grupo de jóvenes reciba con entusiasmo, pero podemos sorprendernos con el siguiente. Es probable que muchos de los chicos de nuestro grupo cuiden a sus hermanos menores o a algún primo, y muchos otros probablemente hayan trabajado o trabajen como voluntarios en la guardería de la iglesia durante los cultos o en la semana. Si es así, probablemente estarán deseosos de hacer algo por los pequeños y por sus padres también. Si el aspecto de la guardería de la iglesia deja bastante que desear, ¿por qué no permitir a los adolescentes que lo renueven?

Dediquemos un día de trabajo, o un fin de semana, para limpiar las ventanas, pintar las cunas, lavar y remendar los colchones, limpiar y desinfectar los juguetes, lavar las paredes, fabricar almohadones coloridos y cortinas haciendo juego, sacudir la alfombra o el piso, etc. Si las paredes son de colores apagados y monótonos, pintémoslas o cubrámoslas con carteles de colores brillantes.

La congregación apreciará que los jóvenes se preocupen por la iglesia y por los niños pequeños. Y los adolescentes estarán orgullosos de haber hecho algo tangible y práctico. *Robin Garrett*

FESTIVAL DE VERANO

Una alternativa creativa para la escuela bíblica de vacaciones es que los jóvenes de la iglesia organicen un festival de verano para los niños en un barrio de escasos recursos. Encontremos un lugar adecuado en el barrio (casa prestada, club, o algo semejante) para poder realizar las actividades y manualidades, contar historias bíblicas, pasar películas, realizar picnics y juegos y desarrollar otras cosas por el estilo. La duración será de una semana. Realicemos una buena publicidad y veremos cómo los niños llegan de a docenas, ya que la actividad se desarrolla en su propio barrio. Invitemos un día a las familias de los niños a presenciar las actividades y algún programa musical o teatral interpretado por los niños. Esta idea resulta más exitosa y más eficaz que la típica escuela bíblica de vacaciones, que tiende a ser demasiado «eclesiástica». *Leroy Albertson*

FIESTA INFANTIL

Organicemos, junto con los jóvenes más grandes, una fiesta de la Escuela Dominical para niños de 6 a 11 años. Esto constituirá un buen proyecto de servicio para nuestro jóvenes y proporcionará gran diversión a los niños. Cuando lleguen los invitados, dividámoslos en dos grupos: de 6 a 8 años y de 9 a 11 años. Que uno de los grupos recorra los puestos ubicados en las aulas de la Escuela Dominical, en los que habrá juegos al estilo de una feria. Los otros niños, mientras tanto, participarán de juegos grupales en un espacio más amplio. Luego de 45 minutos, intercambiemos los dos grupos. También podemos presentar una película cristiana para niños y servir refrescos. *William C. Moore*

COOPERATIVA DE CUIDADORES DE NIÑOS

Si las habitaciones de la escuela dominical de la iglesia están vacías durante el verano, evaluemos la posibilidad de organizar una cooperativa para cuidar niños, ya sea como servicio o para recaudar dinero. Coordinemos con los padres la posibilidad de ofrecer turnos de algunas horas cada día, con reserva previa, para cuidar a sus niños. Y convoquemos a miembros del grupo de jóvenes para hacer de niñeras un día a la semana, o menos, dependiendo del tamaño del grupo. Nos sorprenderemos de cuántas madres agradecidas dejarán a sus pequeños para que los cuidemos mientras ellas van de compras, o a alguna reunión, o a la piscina. Sin embargo, debemos ser cuidadosos con respecto a las edades que ofrecemos cuidar y además siempre debemos reunir una cantidad suficiente de adolescentes y adultos como para poder cuidar bien a los niños. *Ellen Sutter*

COLECTA DE JUGUETES

En casi todas las ciudades existe alguna organización que recolecta juguetes en Navidad para los niños necesitados. Una buena actividad grupal será realizar una colecta de juguetes en agosto o septiembre. Los jóvenes pueden ir puerta por puerta recogiendo juguetes viejos o en desuso que aun puedan ser utilizados o que requieran reparaciones menores. El grupo podrá más tarde limpiar y reparar los juguetes, de ser necesario, y luego distribuirlos o entregarlos a una organización que los distribuya. Esta actividad puede convertirse en un concurso entre equipos para ver quién puede recolectar y recuperar la mayor cantidad de juguetes dentro de un límite de tiempo dado. *Jim Berkeley*

SALIDA NOCTURNA PARA LOS PADRES

Esta idea podemos utilizarla para cumplir varios objetivos: regalar a los adultos de nuestra iglesia una salida nocturna, ofrecer un proyecto de servicio a nuestros jóvenes, y además ganar un poco de dinero para el próximo retiro o campamento.

Ofrezcamos a los adultos una salida nocturna que incluya una cena simple, una película divertida y servicio de guardería, todo por un único y módico precio.

Ubiquemos en el salón algunos televisores, video reproductores y sillas en cantidad necesaria. Que los mismos jóvenes preparen la cena y las mesas: se pueden servir bebidas junto con alguna comida comprada, acompañándola de sopa o ensaladas y helado de postre. Podemos dividir el equipo en dos. Una mitad para servir a los adultos, y la otra mitad para dar de comer y cuidar a los niños en otra habitación. En un segundo momento, los equipos pueden rotar de funciones. La mitad del grupo limpiará las mesas, mientras la otra mitad cuidará a los niños. Al terminar, todo el grupo de jóvenes limpiará y ordenará. Si no es muy tarde, tal vez los jóvenes deseen quedarse un rato más y ver la película ellos también.

Rodney Puryear

TEJER LAZOS

Esta es una idea para ayudar a los bebés y niños de un hospital. A la vez, sirve para crear lazos entre las distintas generaciones de mujeres de la iglesia. Previamente debemos reclutar a algunas señoras mayores de la congregación que sepan tejer (al crochet o con dos agujas) y estén dispuestas a enseñar. Que estas señoras, cada sábado por la tarde durante un mes, den clases de tejido en el salón de la iglesia para todas las jóvenes que deseen aprender. Pidámosles que les enseñen a tejer cuadrados de 20 x 20 centímetros, con distintos tipos de puntos. Las jóvenes deberán llevar su propia lana, y el precio de las clases consiste en ofrendar el trabajo de todo el mes: todo lo que puedan tejer tanto en las reuniones como en sus casas. También puede incluirse en el proyecto a otras personas de la congregación, solicitándoles donaciones de lana o de dinero para comprarla. Al finalizar el mes, entre todas habremos reunido una gran cantidad de cuadrados de tejido, los que se coserán uno junto al otro para formar coloridas mantas para bebés que serán donadas a un hospital infantil. Mientras tejen juntas, las jóvenes pueden disfrutar de un té y de buena conversación con las señoras mayores. ¡Será una experiencia enriquecedora para todos!

Una variante de esa idea es organizar una maratón de tejido por un día entero. Consiste en una competencia en la que mujeres de todas las edades se reúnen durante un sábado entero en el salón de la iglesia, e intentan tejer lo más rápido posible, mientras conversan y disfrutan de un tiempo de comunión. Los hombres pueden asistir para alentarlas y para servirles té con pasteles en los descansos de quince minutos que se harán periódicamente. La que finalice la mayor cantidad de cuadrados, bufandas o saquitos para niños (queda a nuestra elección), antes de que suene la campana a las seis de la tarde, será la ganadora y recibirá un premio. Y lo que tejieron todas en total será donado a un hospital o a personas en necesidad. *María Ana Gallardo.*

NUESTRA COMUNIDAD

TALENTOS EN ACCIÓN

Durante un día intenso, los adolescentes pueden trabajar con un adulto experto y aprender de él, para luego emplear esa destreza recién adquirida sirviendo a otros.

La primera parte del día debe funcionar como una feria de talentos. Invitemos a los adultos de la congregación que sean expertos en alguna área, como la reparación de grandes y pequeños artefactos, deportes, cocina, cuidado de niños, retapizado de muebles, mantenimiento del hogar, fotografía, teatro, costura o alguna otra habilidad para que dispongan de una mañana y enseñen cada uno a un pequeño grupo de chicos alguna habilidad simple pero práctica, como por ejemplo la lubricación y puesta a punto de un motor de automóvil. Esa tarde, los chicos del grupo podrán lubricar y poner a punto los vehículos que pertenezcan a los miembros más ancianos de la congregación. O, tras una planificación previa con un hospital local o con un asilo de ancianos, la instructora de teatro podrá llevar a su equipo a realizar una presentación.

Un taller de este estilo, aunque dure un solo día, lleva mucha preparación. Sin embargo vale la pena, no solo por la

Solicitud para que su casa sea...

Asaltada Ecológicamente

Desde el grupo de jóvenes mayores, y de acuerdo con nuestra preocupación por el medio ambiente, deseamos ayudarlo a usted a que nos ayude a...

Salvar la Tierra

¿CÓMO? Permítanos **asaltar ecológicamente** su casa.
Iremos en un día y horario predeterminados y...

- Quitaremos su nombre de listas de correo basura.
- Verificaremos el aire en sus cubiertas para asegurarnos de que estén correctamente infladas.
- Colocaremos un regulador en su grifo para evitar las salpicaduras, y a su vez los derroches de agua.
- Dejaremos un dispositivo fabricado artesanalmente por el grupo de jóvenes para evitar que el aire frío entre por debajo de su puerta
- Le obsequiaremos una taza de café pintada a mano por el grupo de jóvenes con temas ecológicos.
- Le entregaremos tres hermosas tarjetas de felicitaciones impresas sobre papel reciclado.
- Llevaremos aquella ropa que usted ya no desea a un centro de donación apropiado.

¡Qué mejor regalo que este para darle a un amigo y a nuestro mundo!

El costo para ser asaltado ecológicamente es de $30.
Lo recaudado irá a nuestro fondo para el retiro de primavera del grupo de jóvenes

Estimamos que si 100 familias fueran **asaltadas ecológicamente** cada año podríamos:
SALVAR:
150 árboles con buena sombra para sentarnos debajo.
2.354.500 litros de agua fresca para disfrutar.
11.356.200 centímetros cúbicos de gas natural para mantener el aire más sano.
36.500 vasos descartables de café.
TENER:
100 casas confortables para esperar a que pase el frío del invierno.
300 personas que conocerán algunas maneras de salvar el planeta que Dios creó a través de tarjetas escritas en papel reciclado.
200 personas más que podrán vivir con mejores vestimentas y mayor dignidad.

- Proyecto basado en investigaciones realizadas y publicadas en el libro «50 cosas sencillas que tú puedes hacer para salvar la Tierra».

☐**¡Sí!** Deseo que mi casa sea **asaltada ecológicamente**. Aquí tienen mi ofrenda de $30 para ayudar a salvar la Tierra.

Nombre _____

Domicilio _____

Ciudad _____Estado _____

Código Postal _____

Teléfono (casa) _____

Teléfono (trabajo) _____

aplicación inmediata de lo que se aprende, sino también por el contacto intergeneracional que produce entre adultos y adolescentes. *Wib Newton*

ASALTO ECOLÓGICO A UNA CASA

El volante que se encuentra en la página 68 lo dice todo. *Kent Busman*

A.G.A.T.S.

Formemos un equipo A.G.A.T.S (Animando Gente A Través del Servicio) con los jóvenes para servir a grupos elegidos especialmente dentro de la iglesia. Reunámonos una noche a la semana para ofrecer servicios de acuerdo con las siguientes prioridades:

- **Visitas a hospitales:** Podemos fabricar y entregar tarjetas del tamaño de un póster que digan: «¡Que te mejores pronto!» a miembros de la iglesia y personas conocidas que se encuentren en el hospital. Pasemos alrededor de diez minutos con el paciente, peguemos el póster en la pared, conversemos con él y oremos juntos. También podemos entregar algunos globos de colores.
- **Visitas a ausentes.** Si no hay nadie en el hospital, revisemos la lista de asistencia del grupo de jóvenes y remarquemos los nombres de chicos que hayan estado ausentes durante cuatro semanas seguidas o más. Fabriquemos láminas con muchos dibujos o fotos de caras y el mensaje: «¡Extrañamos tu cara!». Luego llevémoslos a la casa de esos chicos. ¡Lo más probable es que asistan la semana siguiente a esa!
- **Visitas de cumpleaños y aniversarios.** Si no hay nadie en el hospital ni en la lista de ausencias críticas, entonces busquemos en los listados de la iglesia los cumpleaños y aniversarios de casamiento. Fabriquemos y entreguemos tarjetas acordes con cada ocasión.
- **Visitas para dar ánimo.** Cuando en determinada noche no haya nadie en ninguna de esas categorías, fabriquemos tarjetas o láminas para cualquier persona a la que pudiera venirle bien un poco de ánimo. Entreguémosle la tarjeta en una corta visita.

Este programa distribuye mucha alegría entre diversas personas, ofrece a los chicos una muestra de lo que se siente al participar en un ministerio, y estrecha los lazos entre los jóvenes y el resto de los miembros de la congregación. *Randy Wheeler*

FLOTA DE CAMIONES

Para ayudar a aquellas personas que realizan tareas de gran envergadura para las que se requiere un camión o camioneta, programemos con los jóvenes que tengan acceso a un vehículo así algunas misiones de Flota de Camiones. Dividamos al grupo en equipos que puedan transportar y apilar leña, mover muebles desde o hacia lugares de depósito, hacer un acarreo hasta el basurero municipal, llevar muebles o electrodomésticos a los necesitados, o cosas semejantes. Publicitemos el servicio en el boletín de la iglesia. Tendremos muchos interesados y algunas oportunidades poco comunes para el ministerio dentro de la congregación y la comunidad. *Bert Jones*

ORGANIZACIÓN DE UNA FIESTA

Esta es una gran idea para grupos de jóvenes que están cansados de realizar fiestas y cansados de ayudar a otros. Hagamos que el grupo de jóvenes organice una fiesta para aquellos grupos que desean ayudar. Podríamos organizar una cena de San Valentín para personas que vivan en un asilo de ancianos o para los mayores de la congregación; una fiesta de Pascuas para un orfanato o para un grupo de niños de educación especial; un banquete de Navidad para niños necesitados, viudas, o para estudiantes que se encuentren lejos de sus casas. *Stephen Douglas Williford*

BARRER Y JUGAR

Este otoño podemos combinar un día de servicio (barrido de hojas en las veredas y jardines de miembros de la iglesia) con mucha diversión y juegos. Calculemos cuarenta y cinco minutos por casa si contamos con diez chicos para barrer. Realicemos una difusión anticipada de los juegos que se realizarán en los distintos jardines a lo largo del camino: búsqueda del tesoro (golosinas o dulces), fútbol con hojas (la pelota es una bolsa de hojas), peleas de almohadas pero  con bolsas de hojas, carreras de relevos con hojas, y cualquier otro juego alborotado que surja en el momento y que incluya hojas. Dejemos una nota de agradecimiento en cada hogar, y reunámonos en la iglesia al finalizar para tomar un buen chocolate caliente.

• Barre y corre

Subamos junto con los jóvenes a un autobús, cada uno con un rastrillo en la mano, y recorramos las calles. Cuando veamos una vereda que necesita ser barrida, saltemos todos del autobús y rastrillemos todas las hojas. No debemos aceptar paga por ninguno de estos trabajos. Todo será hecho en el nombre de Cristo. Tal vez podamos averiguar las direcciones de algunos lugares o de personas que no pueden barrer sus propias hojas, para tenerlos como paradas predeterminadas. Esta actividad será divertida y a la vez gratificante para los chicos. Durante el invierno podemos hacer lo mismo con la nieve, si vivimos en un lugar en el que nieva mucho. *Glenn Zimbelman y Arthur Merkle*

Asegúrate de participar en nuestra fiesta de «Barre y corre» este sábado por la tarde, entre las 13:00 y las 16:00 hrs. Lleva un rastrillo para hojas, si lo tienes. Usa ropas viejas. Llegaremos en el autobús a diversas casas que se lo merecen; barreremos sus hojas y luego correremos hasta la casa siguiente.
¡También comeremos algunos bocadillos!
Y nos divertiremos mucho mientras hacemos algo valioso por los demás.

LIMPIO Y BRILLANTE

El grupo de jóvenes también puede recorrer las calles lavando las ventanas de las casas. Por supuesto, debemos preguntar primero a las personas que viven en esas casas, pero habitualmente es raro que alguien diga que no. Que el grupo realice esta tarea de manera gratuita, simplemente como una oportunidad de mostrar a la comunidad que el amor cristiano es mucho más que simplemente palabras.

En caso de aceptar donaciones por el lavado de ventanas, podemos ofrendarlas a una misión o a un proyecto de servicio. Tomemos la cantidad de dinero que las personas sienten que pueden pagar, o cobremos un precio módico por casa. Con un grupo de cinco o diez chicos podremos realizar el trabajo bastante rápido si cada uno toma dos o tres ventanas. *Scott Dell*

SEGUROS SERVIDORES

Este es un proyecto de servicio que les presentará un desafío interesante a nuestros chicos para servir con creatividad. Dividamos a los chicos en grupos pequeños de dos o tres adolescentes cada uno. Indiquémosles que tienen exactamente una hora para penetrar en la comunidad y servir a las personas de algún modo. El objetivo es servir a tantas personas como les sea posible, en cualquier modo que les resulte posible. Seamos creativos. Algunos jóvenes barrerán las veredas, otros irán puerta por puerta pidiendo permiso para lavar las ventanas o retirar las malas hierbas del jardín, y otros recogerán la basura que la gente tira en un estacionamiento o parque local. Algunos incluso, tal vez, irán a una estación de servicio local y servirán a las personas en los surtidores destinados al auto-servicio. No debemos permitir a nadie recibir dinero por sus servicios.

Al final de la hora, reunamos de nuevo a los jóvenes para que cuenten sus experiencias a los demás. Entreguemos premios a los más creativos, a los más esforzados trabajadores, a los que más personas sirvieron, y así sucesivamente. Asegurémonos de alentar y felicitar a cada equipo. Esto ayudará a construir autoestima en los jóvenes y los alentará a ser emprendedores. *Alan Hamilton*

AMOR GRATUITO

Este es un ministerio muy simple pero eficaz, en el que los adolescentes recorren casa por casa, en un barrio cercano, y van preguntando si hay algo que ellos puedan hacer en forma gratuita. Las personas quedan atónitas de que un desconocido se ofrezca como voluntario para lavar sus platos, pasar la aspiradora en sus alfombras, lavar su automóvil, cortar el césped de su jardín, y otras cosas. A menudo preguntan cuál es el truco, pero los chicos responden: «Simplemente estamos intentando mostrar nuestro amor por Dios a través de compartir ese amor con otros». Uno de estos grupos apareció en la primera plana del periódico Chicago Tribune por ese proyecto de servicio.

Otra variante de esta propuesta consiste en llevar al grupo a un centro comercial y hacer lo mismo. Se puede ayudar a las personas a llevar bolsas pesadas, a lavar los vidrios de los automóviles, y cosas como estas. Podemos dejar, por ejemplo, un mensaje debajo de los limpiaparabrisas: «Su vidrio fue lavado por un cristiano que simplemente intenta comunicarle que Dios lo ama a usted». Se trata de un enfoque revolucionario sobre lo que significa testificar. *Lee Eclor*

SIERVOS DEL SÁBADO

Para ofrecer a nuestros jóvenes una oportunidad de servir con regularidad a los miembros de la iglesia con necesidades especiales, cada tanto designemos una mañana de sábado (desde las 9:00 a.m. hasta el mediodía) para que funcionen como Siervos del Sábado. Incluyamos el anuncio del proyecto en el boletín de la iglesia con dos semanas de anticipación para que aquellos miembros de la congregación que precisen ayuda puedan llamar con anterioridad y registrar sus pedidos.

Los Siervos del Sábado se enfocarán principalmente, aunque no es necesario que sea de forma exclusiva, en realizar tareas para ayudar a ancianos, viudas, personas divorciadas, y padres o madres solteros de la iglesia. Los trabajos a realizar pueden ser tareas de jardinería, cuidado de niños, mantenimiento de autos e incluso traslado de muebles. Una buena idea es solicitar que las personas a las que se le hará el servicio, de ser posible, costeen el equipo necesario y los elementos de limpieza.

Los jóvenes encontrarán que el sacrificio de su tiempo y energía en una mañana de sábado puede ofrecer un ministerio significativo y práctico a muchos miembros de la iglesia. *Gary Wrisberg*

TESTIFICAR A TRAVÉS DEL PARABRISAS

Encontremos una playa de estacionamiento en la que haya una buena cantidad de automóviles. Entreguemos al grupo de jóvenes los materiales necesarios para limpiar vidrios (jabón, trapos, esponjas). Los chicos deberán recorrer en parejas las filas de automóviles y limpiar los parabrisas sucios, dejando una nota similar a esta:

Algunas personas tal vez quieran realizar una donación para el grupo de jóvenes, pero asegurémonos de que los chicos hagan esto en forma gratuita. Las personas lo apreciarán. *Alan R. Vranian*

> sus vidrios fueron limpiados con amor por los jóvenes de la iglesia
> _____(nombre de la iglesia).
> simplemente, hoy queríamos hacer algo bueno por las personas para demostrar el amor de Cristo, y esperamos que a usted no le haya molestado. También deseamos que usted pueda ver con claridad el camino, ¡incluso el que lo lleve a una iglesia de su elección el domingo entrante!

UN VASO DE AGUA FRESCA EN SU NOMBRE

¡Esta idea engloba un proyecto de servicio y una oportunidad de testificar acerca de Cristo! Los jóvenes que estén cercanos a una playa o alguna zona de recreo en la que se reúna gran cantidad de personas pueden llevar a cabo esta actividad. Los materiales necesarios son: una conservadora de veinte litros llena de agua helada y vasos descartables. La conservadora puede ser trasladada en un carrito o llevada por un par de muchachos fuertes. El agua resulta muy apreciada por las personas en los calurosos días de verano cuando se ofrece en forma gratuita con una sonrisa y tal vez con alguna palabra acerca del «agua de vida» (Juan 4). Este recurso puede ser un modo positivo de predicar sobre Cristo a las personas. *Mike Weaver*

BÚSQUEDA DEL TESORO EN VERSIÓN ECOLÓGICA

La siguiente es una buena actividad para reuniones en la playa, en una zona de picnic, o en un parque. Entreguemos a los adolescentes una lista de los elementos que deben encontrar en el suelo. ¡No vale tomar cosas de los cestos de basura! Otorguemos puntos por cada ítem encontrado. No fijemos límites por clase de elementos, de modo que alguien pueda llevar veinticinco latas de aluminio y sumar veinticinco puntos. Además, otorguemos puntos extra por la diversidad de elementos de la lista; por ejemplo, si alguien lleva al menos uno de cada uno, podrá obtener un premio de cien puntos extra. Si lleva siete elementos diferentes, podrá otorgársele setenta y cinco puntos extra. Aquí incluimos una lista de muestra:

Envoltorio de dulces	Tenedor de plástico
Cuchara de plástico	Plato descartable
Servilleta	Lata de bebida de aluminio
Vaso descartable	Envoltorio de goma de mascar
Botella de cerveza	Prenda de vestir

Todos los elementos deben ser traídos completos. No vale romper las cosas por la mitad y contarlas dos veces. Podemos agregar elementos a la lista según nos parezca, dependiendo del lugar en el que realicemos esta actividad. Entreguemos a cada chico una bolsa plástica de basura para que guarden los elementos que encuentren. También podemos entregarles guantes de látex o de algún otro material si consideramos que puede ser peligroso tocar ciertos elementos. ¡Entreguemos un premio al ganador! *Phil Miglioratti*

CAMINATA ECOLÓGICA

Esta caminata incorpora dos ideas, y puede resultar muy exitosa con un grupo de veinticinco chicos o más. Al igual que en una maratón común, los chicos pueden conseguir patrocinadores previamente. A medida que los chicos caminen, irán recogiendo todas las latas de aluminio que ensucian las calles. Organicémoslo de manera tal que alguien vaya detrás en un automóvil o camioneta recogiendo las latas juntadas. Dividamos a los chicos en grupos de cinco o seis integrantes, y enviemos a cada grupo en una dirección diferente, con bolsas de plástico que podrán dejar a un costado del camino una vez llenas. Fácilmente se pueden recoger entre 200 y 400 kilos de aluminio para ser reciclado. *Daniel Unrath*

LAVADERO DE AUTOMÓVILES GRATUITO

Organicemos con los adolescentes un lavadero de automóviles junto a un centro comercial local o a una estación de gasolina. Sin embargo, en lugar de cobrar por los vales de lavado, entreguémoslos en forma gratuita. Publicitemos el lavadero de automóviles gratuito dejando en claro que no hay trucos ni trampas. Las personas podrán recibir un lavado de sus automóviles en forma gratuita por parte de los jóvenes de la iglesia, simplemente como un gesto de amistad y amor cristiano.

Sin embargo, aquellos que lo deseen podrán realizar una contribución por el monto que mejor les parezca. Este dinero puede luego ser utilizado para un proyecto misionero, para una agencia que brinde alimentos a los países con hambre, o para alguna otra causa loable.

Podemos colocar un letrero junto al lavadero de automóviles que diga algo más o menos como esto:

> **Su automóvil será lavado por el grupo de jóvenes de la iglesia _____ en forma gratuita, sin trampas. Es simplemente una humilde forma de demostrarle a usted el amor de Cristo Jesús. Otro modo en el que intentamos trasmitir el amor de Cristo es recaudando fondos para comprar comida para los hambrientos. Si usted desea ayudarnos en este proyecto, su contribución será enormemente valorada. Muchas gracias y que Dios le bendiga.**

Por supuesto, el cartel que fabriquemos variará según el organismo al que donaremos el dinero, pero evitemos utilizar este sistema simplemente para restaurar el edificio de la iglesia o engrosar los fondos para las actividades sociales del grupo de jóvenes. Podemos, también, imprimir la información sobre la donación en los vales, y de este modo muchas personas vendrán preparadas para dar.

Un grupo de jóvenes realizó esta actividad en dos ocasiones y recolectó un total de $800 únicamente a través de contribuciones recibidas en su lavadero de automóviles gratuito. Escojamos una ubicación en un sitio transitado y asegurémonos de contar con jóvenes amistosos y trabajadores para que la experiencia resulte provechosa *Gary Close*

REGALO DE AMOR

Un modo eficaz para que los jóvenes ejerciten su fe es ayudar a otros sin esperar recibir nada a cambio. Intentemos enviar una carta similar a la que se presenta aquí debajo a los vecinos de nuestra comunidad y veamos qué cosas surgen. *Alyce Redwine*

> Estimado amigo:
>   Los miembros de la iglesia
>   _____
> deseamos mostrar nuestro aprecio por los amigos especiales a través de un día de trabajo. ¿Podemos ayudarlo en alguna forma? ¿Necesita cortar su césped? ¿Necesita ayuda para hacer las compras? ¿Desearía que alguien lavara sus ventanas? ¿Quisiera que le leyéramos algo? ¿O que simplemente lo visitáramos?
>   Marque en la tarjeta que se adjunta la manera en que podemos serle de alguna ayuda. Si recibimos una respuesta de su parte, iremos a su casa el día _____. Por favor indique si usted prefiere que lo hagamos por la mañana o por la tarde.
>   Por supuesto, esto es sin cargo. Es un regalo de amor.

ALMUERZO A DOMICILIO

Si nuestra iglesia u organización se encuentra ubicada cerca de alguna universidad, esta es una excelente manera de relacionarse con los estudiantes que asisten allí. Durante la semana de inscripciones o la primera semana de clases, organicemos un almuerzo al aire libre con hamburguesas para los estudiantes. Anunciémoslo con anterioridad por medio de volantes y afiches, cerca o dentro de la universidad. Encontremos un lugar apropiado en los jardines de la universidad, o en las cercanías, y organicémoslo de manera que muchos chicos del grupo sirvan y puedan mezclarse con los estudiantes cuando estos lleguen. Podremos conseguir la comida pidiendo a cada familia de la iglesia que lleve algo: una docena de hamburguesas, condimentos, panes o tomates, por ejemplo. *Rick Trexler*

PROYECTO PUERTAS

Distribuyamos volantes en la comunidad para anunciar que el siguiente sábado (o cuando fuere) el grupo de jóvenes recorrerá las calles en el autobús de la iglesia buscando trabajos para realizar. Si alguna persona desea alguna ayuda, simplemente deberá atar un pañuelo en la manija de la puerta de su casa. Como proyecto de servicio, este trabajo puede ser ofreci-

do en forma gratuita a la comunidad. Si necesitamos reunir dinero, podemos solicitar una donación de cincuenta centavos por hora, o algo por el estilo. Nos sorprenderemos de ver cuántas personas aprovecharán este ofrecimiento. *Don Snider*

SEMANA DE SERVICIO

Esta actividad de verano no solo puede reunir a todo nuestro grupo de jóvenes, sino que además constituye un verdadero testimonio y un ministerio hacia la comunidad. El cronograma de eventos por realizar puede variar según de las necesidades de nuestra comunidad. Pero el que se encuentra más abajo, como muestra, seguramente estimulará nuestro pensamiento creativo.

• **Domingo:** Que los jóvenes participen del culto habitual de la iglesia, realizando una presentación frente a su propia comunidad de creyentes, seguida de café o refrescos.

• **Lunes:** Que el grupo entero ofrezca café y bizcochos en forma gratuita a las personas en una estación de tren o de subterráneo. Si hay sobrantes, podrán distribuirlos en los departamentos de policía, estaciones de bomberos, o comercios locales.

• **Martes:** Día de los mayores. Que el grupo de jóvenes visite casas de ancianos o asilos ofreciendo programas como concursos de talentos, funciones de títeres, y otros. Que los chicos conversen y participen en juegos con las personas mayores que se encuentran en esos lugares. También pueden organizar una fiesta de helados para las personas mayores de la iglesia y de la comunidad durante la tarde.

• **Miércoles:** Día de los niños. Que los jóvenes planifiquen actividades para niños con espectáculos teatrales o de títeres en la plaza de la ciudad y en las guardias de los hospitales pediátricos. Por la noche pueden ofrecer cuidado gratuito de niños para que los padres puedan salir solos.

• **Jueves:** Día de la ciudad. Que los jóvenes pasen un tiempo ofreciendo ayuda y servicios a la ciudad. Pueden concluir el día con un Banquete de Agradecimiento, organizado exclusivamente por los adolescentes para los líderes políticos y empresarios de la ciudad.

• **Viernes:** Que el grupo de jóvenes completo ofrezca sus servicios a la ciudad para proporcionar ayuda en algún área específica de necesidad (el grupo que comenzó con esta idea ayudó a su ciudad a construir un sendero en un parque de la ciudad, trabajo muy difícil y agotador). Esta actividad debe ser coordinada por las personas adecuadas con anticipación.

Las ideas anteriores son solo sugerencias, por supuesto. Cada grupo deberá encontrar cosas para hacer durante esta semana que solucionen necesidades, demuestren amor y dedicación cristianos, y resulten factibles (que esté dentro de las posibilidades de los jóvenes el cumplirlas). El grupo que llevó a cabo esta idea por primera vez hizo imprimir una cantidad de volantes que decían más o menos así: «Hola. Somos el grupo de jóvenes de (nombre de la iglesia) y simplemente queremos que sepa que si usted nos lo permite deseamos servirle. No queremos venderle nada, ni solicitar una donación, ni intentar ganar nuevos miembros para nuestra iglesia. Tan solo intentamos aprender a obedecer al Señor por medio del servicio a otros». Gálatas 5:13 nos exhorta: «Sírvanse unos a otros con amor».

Si dedicamos el tiempo suficiente parra lograr una buena preparación para la Semana de Servicio, encontraremos que el grupo de jóvenes no solo aprenderá mucho, sino que crecerá la unión entre ellos, y la comunidad se beneficiará a través de sus actos de bondad. *Ridge Burns*

ANCIANOS

AYUDA EN EL INVIERNO

Barrer las hojas secas es solo el comienzo de todo lo que necesita hacerse durante el invierno a favor de los asilos y las personas mayores de la iglesia, especialmente si vivimos en latitudes frías. Antes de que llegue el clima helado, los chicos pueden acondicionar ventanas y puertas para que no entren el viento y el frío, cubrir los muebles del jardín o trasladarlos bajo techo y arreglar las persianas, tareas todas difíciles y aun imposibles para las personas mayores, pero que tan solo les llevaría una hora o dos de trabajo a algunos jóvenes dinámicos.

Y no nos olvidemos de los mayores en la primavera siguiente, cuando las casas tengan que ser reacondicionadas para el clima cálido y el césped necesite ser cortado. *Howard Chapman*

CENA PARA VIUDOS Y VIUDAS

Para juntar a los adolescentes con las personas mayores de la iglesia, hagamos que el grupo de jóvenes planifique, prepare y sirva (en mesas, no en estilo buffet) una cena para los viudos y viudas. Luego de la cena, ofrezcamos diversión: películas viejas, canciones grupales, juegos. Aquellos chicos que no estén formando parte del espectáculo pueden hacerse cargo de limpiar y ordenar todo. Las personas agasajadas estarán muy agradecidas, y los chicos disfrutarán tanto de la diversión, ¡que incluso tal vez se convierta en un acontecimiento anual! *Dawn Cahill*

MINISTERIO DE ALARMAS CONTRA INCENDIOS

Este proyecto de servicio podría literalmente salvar vidas. Vayamos con los jóvenes a instalar detectores de humo a batería en las casas de las personas mayores de la comunidad.

Primero, decidamos cómo costear o donar los detectores y las baterías. En la época de Navidad muchas tiendas suelen vender con grandes descuentos. O, lo que es mejor, el jefe de bomberos local a menudo tiene contactos con proveedores que donarían los detectores con la condición de que el grupo que haga las instalaciones entregue una lista con las personas que recibirían el servicio.

Segundo, preparemos una lista de personas mayores que podrían necesitar este servicio. Luego realicemos una encuesta telefónica preguntando a esas personas si aceptarían que los adolescentes concurrieran a sus casas para instalar el detector de humo en forma gratuita. Los jóvenes también podrían chequear las baterías de los detectores que ya se encuentren colocados en las casas. Coordinemos un horario (habitualmente una tarde de domingo o de sábado) en el cual las personas podrían estar en casa para recibir al equipo de servicio.

Tercero, averigüemos si el jefe de bomberos puede proporcionar también diapositivas, videos, u oradores voluntarios que vengan a la reunión una semana antes del proyecto para sensibilizar a los jóvenes con respecto a las prácticas de seguridad contra incendios y también acerca de los riesgos específicos que enfrentan las personas mayores. Un número desproporcionado de incendios ocurre en las casas de las personas mayores, por lo que este proyecto significa la diferencia entre la vida y la muerte. *Mark Forrester*

BANQUETE INTERGENERACIONAL

Esta actividad es al mismo tiempo un proyecto de servicio y una actividad divertida para los grupos de jóvenes. Los chicos organizarán un banquete completo, con espectáculo y todo, e invitarán a los miembros ancianos de la iglesia para que concurran como invitados. Los jóvenes pueden mandar a hacer la comida, llevar cada uno algún alimento, o prepararla ellos mismos. Sin embargo, a menudo es mejor que los chicos no tengan que pasar demasiado tiempo en los preparativos de la comida, ya que necesitarán el tiempo para estar con sus invitados.

Cada adolescente tendrá asignado un grupo de personas a las que pasará a buscar por sus casas, las llevará de regreso, y se sentará con ellas durante el banquete. Se enviarán invitaciones a las personas ancianas junto con tarjetas de R.S.V.P. (confirmación de presencia) que deberán retornar a la iglesia. Tengamos en cuenta que debemos planear un menú que los miembros mayores puedan comer, y preparar un espectáculo breve y animado. Para asegurarnos de lograr una velada exitosa, planifiquemos todo con algunas semanas de anticipación y hagamos una buena promoción. Una iglesia organizó esto por dos años en forma consecutiva, con una asistencia de más de ciento setenta y cinco de sus miembros ancianos cada año. *Larry Osborne*

RIIING, ¡POSTRE!

Riiing, ¡postre! es un proyecto de servicio divertido para nuestro grupo. Pidamos a los chicos que busquen personas de la iglesia que puedan donar varios pasteles, tartas, y otros pos-

Querido _____:
Usted acaba de convertirse en un beneficiario de «Riiing, ¡Postre!». El grupo de jóvenes de la iglesia _____ pensó que usted podría disfrutar un delicioso pastel preparado por una magnífica cocinera de nuestra propia congregación. ¡Qué lo disfrute y que Dios lo bendiga!

tres. Luego permitamos que los chicos lleven los postres hasta la puerta de las casas de algunas personas mayores, o de los asilos, que toquen el timbre, y que corran. Las personas beneficiadas abrirán la puerta y encontrarán un pastel y una pequeña nota como la que se muestra en la ilustración. ¡Intentemos con un pastel en la puerta del departamento de policía! *Jim Halbert*

ADOPCIÓN DE UN ABUELO

Este es un magnífico proyecto de servicio que puede realizarse sin alejarnos de casa. Se aplica mejor a los jóvenes más maduros, que estén dispuestos a comprometerse a largo plazo.

Luego de visitar un asilo o casa para personas mayores, que normalmente son poco visitadas, presentemos una idea al grupo. Preguntemos a los jóvenes si estarían dispuestos a adoptar a una o más de estas personas ancianas como abuelos o abuelas. Esto incluiría visitarlos de un modo regular, recordarlos en ocasiones especiales, llevarlos a pasear cuando sea necesario, y simplemente comportarse con ellos como un buen amigo durante un período largo de tiempo, tan largo como sea posible. Este proyecto debería incluir momentos en que los jóvenes dialogaran entre ellos para evaluar su avance

y descubrir cuáles son los problemas que se enfrentan con mayor frecuencia.

Para la mayoría de los jóvenes esta será una experiencia en extremo gratificante, y las personas mayores lo apreciarán inmensamente. *William C. Moore*

FIESTA PARA MAYORES DE 65

Esta propuesta consiste en que los jóvenes de la iglesia organicen una fiesta para los miembros ancianos de la comunidad. Que organicen juegos, sirvan refrescos, canten canciones de tiempos pasados, y realicen actividades con ellos, en lugar de convertirlos solamente en público. Este maravilloso proyecto de servicio provocará que las personas mayores se sientan un poco más jóvenes y ayudará a los adolescentes a valorar a los ancianos. *Dawn Boyd*

ALMUERZO SACRIFICIAL

Algún domingo, después del culto, podemos servir al grupo de jóvenes un almuerzo sacrificial, compuesto de arroz y té (dieta asiática) o frijoles, pan y agua (dieta centroamericana). Cobremos a cada asistente por el almuerzo y enviemos todo el dinero a una de las tantas organizaciones que se ocupan del hambre en el mundo. Utilicemos también videos, literatura, pasajes bíblicos, música, poemas, y experiencias narradas por alguien que haya visto los resultados del hambre. *Don Mason*

CLUB A.P.M.

A.P.M. significa Ayuda para Personas Mayores, y el Club A.P.M. es un programa para que adolescentes y adultos trabajen juntos en ayudar a los mayores con trabajos que ellos no pueden realizar por sí mismos. Este ministerio debe tener una continuidad, a diferencia de otros que son eventos únicos. Que los adultos especializados entrenen a los jóvenes para hacer trabajos de carpintería, plomería, electricidad, tapicería, o lo que sea necesario, y les brinden dirección y supervisión mientras realizan el trabajo. Los chicos más jóvenes pueden desarrollar tareas como lavar ventanas y paredes, barrer hojas, mover nieve con la pala, trasladar muebles, escribir cartas, y cosas por el estilo. Muchas otras personas que deseen participar, pero en un modo menos directo, pueden proporcionar ayuda financiera, traslados en automóvil o camión, y otras tareas de apoyo. Lo importante es que todo esté prolijamente organizado y se lleve a cabo en un modo regular. Muchos organismos dedicados a las personas mayores pueden suministrar información acerca de dónde se encuentran las necesidades más grandes, e informar a los ancianos de la comunidad que este servicio se encuentra disponible en forma gratuita o a un costo muy bajo.

Un programa como este no solo proporciona una ayuda valiosa a los abuelos, que de otro modo deberían pagar por la realización de estos trabajos, sino que también genera para los jóvenes la oportunidad de dar algo significativo y de construir relaciones con un segmento de la sociedad que a menudo ignoran. *Terry Stoops*

FIESTA DE HORNEADO DE PANES

Pidamos a los chicos de nuestro grupo de jóvenes que reúnan todos los ingredientes necesarios para preparar montañas de panes; tanto panes grandes como panecillos. Luego organicemos un sábado de horneado de panes. Primero, que los chicos preparen la masa y la coloquen en fuentes para horno para dejarla leudar. Mientras esperamos que leude, los chicos pueden jugar y socializar. También podrán seguir con la recreación cuando metan los panes en el horno y mientras se cocinen.

Una vez que el pan esté listo, preparemos algo de sopa y tengamos un almuerzo con sopa caliente y pan recién horneado. Podemos pedir a cada uno que lleve una lata de sopa (de cualquier tipo) y mezclarlas todas en una gran olla. Luego del almuerzo, envolvamos los panes que sobraron, que deberían ser bastantes, y visitemos las casas de algunas personas ancianas de la iglesia. Pasemos unos breves momentos conversando con ellos, y dejémosles un pan recién horneado y una notita de aprecio, algo como: «Gracias por ser parte de nuestra familia en Cristo». Ellos se sentirán felices, y verdaderamente se establecerán relaciones entre los jóvenes y los ancianos. El grupo podrá terminar el día con una puesta en común de lo que sucedió cuando visitaron a las personas mayores, y tal vez con una lección bíblica relacionada con el pan. *Jim Elder*

GENTE POBRE Y SIN TECHO

ENTREGA DE CALCETINES

Si deseamos hacer algo diferente, ¡bendigamos a los necesitados con calcetines! Decoremos cajas de zapatos con dibujos de calcetines y coloquémoslas por toda la iglesia. Mediante letreros y volantes, pidamos a los que concurren a la iglesia o a la Escuela Dominical que donen dinero para que el grupo de jóvenes pueda comprar calcetines para los niños necesitados. Luego de tres semanas, el grupo podrá ir de compras con el dinero recaudado y regresar con montones de calcetines abrigados.

En la semana siguiente, decoremos el salón de reuniones del grupo de jóvenes con calcetines (calcetines viejos, calcetines nuevos, calcetines grandes, calcetines pequeños) y exhibamos de algún modo los calcetines que el grupo compró para donar a los pobres. Celebremos el esfuerzo puesto en la colecta con una fiesta de calcetines: todos los jóvenes deben usar calcetines que hayan decorado previamente en sus casas. Ofrezcamos premios por la originalidad, por los calcetines más bonitos, por los más feos, para aquellos que asustan, y para los más graciosos. Luego pongamos música y bailemos todos en calcetines.

El día siguiente a la fiesta, llevemos los calcetines nuevos que compramos a alguna agencia u organización que pueda distribuirlos entre los más necesitados. *Mary Jo Mastin*

BINGO MÓVIL

Dividamos a los jóvenes en grupos pequeños de modo tal que cada grupo quepa en un automóvil. Utilicemos un cartón de bingo como el que aparece en la página 77: en él aparecen alimentos a ser recolectados dentro de un espacio de tiempo. Agreguemos nuestras propias instrucciones específicas y límites de tiempo. Podemos permitir a los chicos que recolecten los ítems mencionados en algún vecindario en particular, o limitarlos solo a sus propias casas y las de otros miembros de la congregación, pero podrán recolectar tan solo un ítem por cada casa visitada.

El objetivo es juntar todos los artículos que aparecen en una fila horizontal, columna vertical o en forma diagonal, para lograr hacer bingo. El primer equipo en regresar con un bingo será el ganador. Las cosas recolectadas serán donadas a los necesitados. *Cheryl Ehlers*

EMPAREDADOS PARA PERSONAS SIN TECHO

Las comidas enlatadas o secas (fideos, arroz) son apropiadas para los pobres que tienen cocinas y hornos… ¡pero las personas que viven en la calle ni siquiera cuentan con esos artefactos! Unos buenos emparedados de carne, tomate y lechuga, por otra parte, son fáciles de preparar, no tan caros, universalmente apreciados, y relativamente completos en cuanto a valores nutricionales.

Pasemos un día con el grupo de jóvenes en la cocina de la iglesia preparando emparedados para las personas sin techo.

Bingo Móvil

Lata de frijoles	Caja de cereales	Caja de galletas saladas	Lata de leche en polvo	Frasco de shampoo
Tres bombillas eléctricas	Lata de sopa	Paquete de polenta	Paquete de fideos para sopa	Paquete de sal
Paquete de jabón para lavar la ropa	Paquete de harina	Paquete de chocolate	Dos jabones de baño	Paquete de espaguetis
Frasco de mermelada	Polvo para preparar pasteles	Caja de galletas dulces	Paquete de azúcar	Paquete de nueces o almendras
Lata de frutas en almíbar	Paquete de arroz	Tres rollos de papel higiénico	Lata de salsa de tomates	Tubo de pasta dentífrica

Pidamos donaciones de los alimentos a panaderías y mercados; o solicitemos a la congregación algunas ofrendas de dinero para comprar la comida y pidamos prestados los elementos necesarios. O pidamos a cada miembro del grupo que lleve una parte de lo necesario. La organización en un proyecto como este es crucial. Repartamos el trabajo de preparación de los emparedados, limpieza de la cocina, entrega a las personas sin techo, y envío de notitas de agradecimiento a los que realizaron las donaciones. *Larry Emery*

AYUDA PARA UN COMEDOR COMUNITARIO

Si nuestra iglesia desea ayudar a los que pasan hambre pero se encuentra en una zona en la que no hay suficientes personas necesitadas como para armar un comedor comunitario propio, intentemos con esta idea. Organicemos un pequeño mercado sobre una mesa en el salón de reuniones, para que los miembros de la iglesia puedan llevar productos cultivados en sus propios jardines o preparados con sus propias manos para ser vendidos. Estos productos pueden ser comprados a cambio de una donación voluntaria en lugar de un precio fijo.

El dinero recaudado a través de este proyecto puede luego enviarse como ayuda a un comedor comunitario en otra zona más necesitada. A pesar de que este pequeño mercado requiere tan solo un mínimo de preparación y organización, puede generar una suma de dinero útil para un ministerio entre las personas que padecen hambre. *Frank Billman*

BÚSQUEDA DE ROPA

Este proyecto de servicio puede realizarse en forma individual o por pequeños grupos. Entreguemos a los adolescentes una lista de las prendas de vestir necesitadas por alguna organización que conozcamos. Contactémonos con ellos con anterioridad para averiguar cuáles son las prendas más requeridas y para determinar los puntajes de forma adecuada. Los chicos o grupos tendrán entonces dos horas para acumular tantos puntos como les sea posible. Deben comenzar en sus propias casas, y continuar a partir de allí. Aquí incluimos una lista modelo:

Pantalones y jeans - 25 puntos por cada pantalón, 50 puntos por cada jean.

Vestidos - 70 puntos por cada vestido

Abrigos - 150 puntos por las tallas pequeñas, 100 puntos por las tallas grandes.

Camisas - 20 puntos.

Sacos de lana - 40 puntos.

Ropa interior - 30 puntos si está lavada, 5 puntos si no lo está.

Pañales de tela - 200 puntos.

Zapatos - 175 puntos.

Pijamas - 15 puntos.

Ropa para niños o bebés - 250 puntos.

También podemos tener preparadas casas especiales. Estas serán casas a las que avisamos previamente acerca de la actividad y ya han reunido varias prendas. A cada persona o grupo se le entregará una hoja con pistas sobre las casas especiales. La primera persona o grupo que logre descifrar las pistas y llegar a cada casa especial se queda con todas las prendas de esa casa.

El grupo que originalmente realizó esta actividad dispuso que los chicos comenzaran yendo a sus propias casas, para llamar por teléfono a sus vecinos y avisarles lo que estaban haciendo antes de visitarlos. *Joe Dorociak*

CACERÍA DE LATAS

Dividamos al grupo en equipos y enviémoslos por el vecindario durante un tiempo limitado (treinta a cuarenta y cinco minutos) para recolectar alimentos enlatados. El grupo que recoja la mayor cantidad de latas dentro del tiempo estipulado ganará un premio. Es increíble cuántos alimentos enlatados pueden conseguir los adolescentes si la motivación es un concurso. Por alguna razón las personas tienden a responder mejor cuando pueden ayudar a un joven a ganar un concurso que cuando lo hacen para ayudar a una familia hambrienta. *Larry Ballenger*

RECOGIENDO DONACIONES DE ALIMENTOS

Preparemos una lista de artículos alimenticios que puedan formar una comida completa. Dividamos al grupo en equipos y vayamos casa por casa para reunir todo lo que figura en la lista. Cada familia que contribuya recibirá una pequeña tarjeta de agradecimiento que explique el propósito de la colecta y el destino de la comida. Los alimentos luego pueden ser distribuidos entre las familias necesitadas. Esta idea será apropiada también para la época de Navidad, cuando muchas familias están más predispuestas a dar y muchas otras familias agradecerían recibir una cena especial. *Donald Durrett*

MARATÓN DE TRABAJO

Este es un proyecto de servicio que reúne a los adolescentes y a los adultos para ayudar a suplir necesidades locales o de lugares lejanos. Los jóvenes del grupo trabajarán en la comunidad para distintas personas que no pueden costear el pago por esos trabajos o no pueden realizarlos por ellos mismos. Podríamos incluir actividades como pintar, arreglar jardines, realizar tareas del hogar, ir de compras, o cualquier otro servicio que los chicos puedan ofrecer. Asignemos a cada joven uno o más adultos «patrocinadores» que paguen su salario por cada hora que ellos trabajen para los demás (estipulando una cantidad de dinero por hora). El dinero recolectado, que puede de hecho ser una suma considerable, será donado para alimentar a personas con hambre de zonas con mucha pobreza, o para apoyar a misioneros en tierras lejanas. De este modo se logrará una doble bendición con un solo acto de servicio. *David Self*

FESTIVAL DE FRUTOS

Si vivimos en una comunidad que se encuentra cerca de zonas de granja, nuestro grupo puede considerar el antiguo sistema de recorrer los campos luego la cosecha y rescatar todo aquello que esté maduro y en condiciones de ser utilizado. Los alimentos recogidos luego serán clasificados y entregados a alguna organización que distribuya comida entre los pobres. *Jim Couser*

SECUESTRO DEL PASTOR

Organicemos a un grupo de chicos para que secuestre al pastor o a alguna otra persona bien conocida de la iglesia (todo esto acordado previamente, por supuesto). Para el rescate solicitaremos determinada cantidad de latas de alimentos (por ejemplo, 100 latas) que la congregación deberá reunir para ser luego distribuidas entre las familias necesitadas. Esto se puede llevar a cabo un sábado. Luego los chicos podrán telefonear a los miembros de la congregación informándoles del secuestro y del rescate pedido (por favor, que quede bien claro que todo es mentira, para que nadie se asuste). La colecta puede realizarse entonces el domingo por la mañana. Si el rescate no es pagado, los jóvenes deberán estar preparados para llevar adelante el culto matutino o las responsabilidades de la persona secuestrada en su ausencia.*Geoffrey Koglin*

GENTE INTERNADA EN ASILOS, ENFERMOS O LOS DISCAPACITÁDOS

«QUE TE MEJORES PRONTO» EN VIDEO

¿Algún miembro del grupo se encuentra en el hospital o enfrenta un período de recuperación largo en su casa? Organicemos una fiesta de helados en su honor y grabemos con una cámara de video a los adolescentes y adultos que asistan. Filmemos a los jóvenes haciendo cosas graciosas y también permitamos a cada uno la oportunidad de enviar un mensaje a través de ese video. Un pequeño grupo de amigos cercanos puede entregar el video personalmente. Este proyecto fácil de realizar, económico y entretenido, le hará saber al enfermo que lo amamos, que estamos orando por él y que verdaderamente nos importa. Podemos adaptar la idea para animar a aquellos que se encuentran lejos por cuestiones de estudios o trabajo, o que se sienten solos. *Mark A. Simone*

NIÑOS CON NECESIDADES ESPECIALES

Interactuar con niños que presentan un retraso o que tienen parálisis cerebral, síndrome de Down, fibrosis quística, o leucemia, puede convertirse en una oportunidad conmovedora y única de crecimiento para los jóvenes de nuestro grupo. Hagamos que los adolescentes planifiquen una actividad periódica de comunión para un grupo de niños de este tipo. Una vez al mes organicemos algún tipo de actividad (ver una película, dar un paseo, jugar, acampar) e incluyamos comida y refrescos. Por supuesto, necesitaremos una máxima colaboración de la clínica o agencia a través de la cual realizamos el contacto con estos niños. Estas actividades deberán ser antecedidas por una serie de reuniones introductorias con profesionales calificados que preparen a los adolescentes con las recomendaciones específicas para trabajar con cada necesidad especial y particular. Algunas iglesias han formado consejos ecuménicos y van rotando las actividades mensuales entre diferentes grupos de jóvenes. *Dodd Lamberton*

CAJAS DE VITAMINAS

Si alguien de nuestro grupo de jóvenes (o alguno de sus amigos) está confinado a su cama por una enfermedad prolongada, organicemos al resto de los chicos para que lleve cada uno un pequeño regalo a la próxima reunión; puede ser económico, pero con un lindo envoltorio. Coloquemos los regalos en una gran caja con un letrero que diga: «Vitaminas. Tómese una por día». Entreguemos la caja al paciente con instrucciones de solamente abrir un regalo por día. La idea es darle algo para esperar con alegría cada día, además de los tratamientos.

Ralph Bryant

ANIMALES CON GLOBOS

Los pacientes pediátricos de algún hospital cercano, sin mencionar al personal de relaciones públicas y de piso del hospital, seguramente se entusiasmarán con actos concretos de bondad que se lleven a cabo para los pacientes más pequeños.

He aquí un gesto que nuestro grupo puede tener. Luego de haber obtenido el permiso que sea necesario por parte del hospital, fabriquemos animales simples con globos (leones, monos, tortugas) cada uno en su casa o juntos en la iglesia, para distribuirlos personalmente entre los pacientes menores. Para conseguir los globos especiales y sus instrucciones debemos visitar alguna tienda local de productos para fiestas.

Wayne Clause

LÍDERES DE VISITACIÓN

Si queremos lograr que el grupo de jóvenes tenga visitas más enriquecedoras a hospitales, asilos y guarderías infantiles, designemos a un joven como responsable para cada una de estas cuatro áreas:

- **Oración:** Encontrar voluntarios para:
  — la oración de apertura.
  — la oración de cierre.
  — otras oraciones, de ser necesario.

- **Escrituras:** Encontrar a alguien para que:
  — escoja un pasaje.

— realice un breve comentario antes de leerlo.
— destaque un punto del pasaje y lo comente luego de su lectura.

- **Música:** Ubicar personas que se encarguen de:
  — seleccionar canciones apropiadas.
  — llevar al lugar suficientes cancioneros.
  — encontrar uno o varios músicos.
  — encargarse del sonido.
- **Regalos:** Encontrar una persona que:
  — consiga los regalos adecuados.
  — consiga o fabrique tarjetas adecuadas, con unas palabras de cariño.
  — logre que las tarjetas sean firmadas por el grupo y presente los regalos de parte del grupo.

Daniel C. Broadwater

FOTÓGRAFO OFICIAL

Si algún miembro de tu grupo de jóvenes tiene alguna discapacidad física que le impide participar de ciertos juegos y actividades, comprémosle una Polaroid o algún otro tipo de cámara instantánea. Enseñémosle a utilizarla correctamente y luego nombrémoslo fotógrafo oficial del grupo de jóvenes. Siempre que el grupo se reúna, este joven tomará fotografías y el resto se apiñará a su alrededor para ver cómo salen. Esto ofrece a una persona una buena oportunidad para atraer la atención sobre sí y para sentirse necesitada y apreciada, ya que de otro modo sería olvidada y dejada de lado. Las fotografías luego pueden ser colocadas en la cartelera del grupo de jóvenes. Asegurémonos de emplear una cámara instantánea, por razones obvias. De otro modo los resultados no son los mismos. *Edie Owen*

JARDINES EN ADOPCIÓN

Esta es una idea que puede hacernos crecer. Propongamos a nuestro grupo de jóvenes adoptar jardines de asilos, personas enfermas u hospitalizadas, o personas mayores, para que cultiven algunas verduras y hortalizas en ellos. Entreguemos a los chicos las semillas y alentémoslos a que ellos pongan las herramientas y la fuerza muscular. Podemos preparar el terreno, plantar, cultivar y finalmente cosechar los alimentos, todo para las personas que son dueñas de los jardines pero que no pueden, por supuesto, realizar el trabajo. Eso produce una maravillosa interacción entre distintas generaciones. Son especialmente útiles aquellos jóvenes que saben de granja, biología o de la naturaleza en general. Los novatos pueden aprender rápido también.

Una adaptación de esta idea incluye a otras personas de la congregación. Cuando anunciemos la campaña «Jardines en adopción», invitemos a otras personas que ya tengan pequeñas plantaciones en sus jardines a que aparten una o dos hileras de cultivo para ofrendar los productos a las personas que padecen necesidad. También aquí los jóvenes pueden entregar las semillas y encargarse de repartir lo producido a los necesitados. Esta idea puede encajar perfectamente dentro de un programa a largo plazo de concientización sobre el hambre. *Jeremy Pera y Nate Castens*

VISITAS CON CANCIONES

Un modo de transmitir gozo a las personas que están enfermas o internadas en asilos consiste en visitarlas y cantarles canciones. Los jóvenes pueden visitar las casas para cantarles canciones y tal vez incluso preparar comidas para disfrutar junto con los residentes. Esta actividad es ideal para incorporarla a otros proyectos de servicio como realizar paralelamente ciertos trabajos en las casas de estas personas. Por ejemplo, el ministro o pastor puede acompañar al grupo de jóvenes para administrar la Santa Cena en las casas de personas que no pueden asistir a la iglesia. Por medio de cintas de audio y reproductores conseguiremos llevar cultos de adoración y mensajes a aquellos que no pueden salir de sus casas. *Denise Turner*

FIESTA DE DULCES

Pasemos con nuestro grupo de jóvenes toda una tarde preparando maíz inflado, galletas y otros dulces. Luego repartamos los dulces en un orfanato, hospital, o guardería infantil. También podemos realizar este servicio en Navidad o en otros días especiales. *Corinne Bergstom*

MISCELÁNEA

PROYECTOS F.A.M.A.

Algunas veces los proyectos de servicio parecen deberes aburridos sin conexión con una fe personal en Cristo. ¿Por qué conformarnos con meros proyectos de servicio cuando podemos ofrecer F.A.M.A.? F.A.M.A. significa Fe Actuando en Manos Adolescentes. Relacionemos cada proyecto directamente con la fe bíblica y con nuestra responsabilidad como representantes de Jesús para ayudar a otros.

Con los proyectos F.A.M.A. los adolescentes encuentran un nuevo sentido de confianza en su compromiso con Cristo a medida que aprenden a ayudar a los demás. Limpiar casas, podar céspedes, o lavar autos, todas estas actividades cobran un nuevo valor cuando son vistas como disciplinas espirituales. El servicio en funciones sociales, ya sea para servir mesas, fregar platos, o limpiar pisos, se convierte en una actividad santa cuando los chicos comienzan a ver sus manos como extensiones de las manos de Jesús.

Las tareas que pueden generar temor, el trabajar con personas mayores o con enfermos, por ejemplo, se vuelven más fáciles cuando los jóvenes se dan cuenta de que no están solos frente al desafío, sino que Dios está trabajando junto con ellos. Asumir responsabilidades de adultos, como el cuidado de niños pequeños o la supervisión de niños mayores, se trasforma en una oportunidad para aprender paciencia bajo la influencia del Espíritu Santo. Estos también son actos de sacrificio como el de Cristo, que demuestran misericordia hacia los padres que quedan libres de responsabilidades durante unas horas.

Si buscamos un sacrificio aun mayor, podemos emplear los fondos del grupo de jóvenes para enviar a esos mismos padres a una velada inolvidable, con una cena en un lindo restaurante y luego una noche y desayuno en un bonito hotel.

Desafiemos a nuestro grupo a participar en proyectos F.A.M.A. de un modo regular. Es posible realizar uno cada dos meses.

Para aprovechar al máximo los proyectos F.A.M.A., reclutemos líderes para este ministerio en lugar de pedir voluntarios. Algunos proyectos pueden estar dirigidos enteramente por jóvenes. Otros necesitarán supervisión adulta. Invirtamos tiempo en nuestros líderes para ayudarlos a comprender el significado espiritual más amplio del proyecto; luego pidámosles que contacten personalmente a los adolescentes para invitarlos a servir. *Bryan Carpenter y Tommy Baker*

COMPROBANTES DE SERVICIO

Las copias de los comprobantes o pagarés que se encuentran en la página 83 podrán ser completadas por cada joven del grupo y presentadas a otros jóvenes para ser empleadas como se indica en ellos. Un mensaje sobre Marcos 10:42-45 constituirá una excelente presentación para esta idea. *Bobby Guffey*

RECORDATORIO DE CUMPLEAÑOS

Nuestro grupo puede solicitar la ayuda de toda la congregación para hacer sentir especiales a los miembros que estén lejos por razones de estudio o trabajo en el día de sus cumpleaños.

Compremos un paquete de tarjetas blancas de 8 x 15 centímetros y una cantidad de sellos postales. Peguemos los sellos en las tarjetas mojando solo una puntita, escribamos junto a ellos una nota original para distribuirlas en la congregación.

Laura Shockley

¡Este es un sello postal!
Usted puede...
A. Ponerle un marco y colgarlo en su casita de muñecas.
B. Emplearlo para reparar una pérdida de agua.
C. Pegarlo en un sobre conteniendo una tarjeta de cumpleaños para...

Elena Suárez
Universidad Latinoamericana de Estudios Superiores.
Casilla de correo XXX.
Alguna parte, Algún país, Código Postal.

Estaríamos grandemente agradecidos, por supuesto, si usted eligiera la opción C. Por cierto, el cumpleaños de *Elena* es el 3 de mayo. ¡Gracias!
El grupo de jóvenes de la iglesia.

PAQUETES DE DULCES POR CORREO

Este es un muy buen modo de ministrar a personas que se encuentran lejos de casa por distintos motivos. La idea es organizar una fiesta en la que se preparen paquetes para ser enviados a cada una de estas personas de parte del grupo de jóvenes o de la iglesia. La fiesta puede incluir actividades como hornear galletas y fabricar dulces. También podemos cobrar una barra de chocolate como entrada. De alguna manera divertida, empaquetemos los obsequios y preparémoslos para enviarlos por correo al día siguiente. También podemos pedir a los chicos que escriban una carta para cada persona, simplemente con un párrafo escrito por cada joven tendremos una carta fabulosa. Incluyamos un par de fotografías del grupo mientras preparaba las galletas o realizaba los juegos. Para envolver el surtido de dulces, coloquemos un trozo de papel transparente dentro de una lata grande, con las cuatro esquinas del papel hacia afuera. Luego llenemos la lata con galletas y chocolates, cerremos el papel transparente con un moño y retiremos el paquete de la lata. *Harold Antrim*

GALARDÓN ESPECIAL

Una forma significativa de agradecer a los miembros del grupo de jóvenes por realizar actos de servicio sin buscar reconocimiento consiste en otorgar un Galardón Especial. Puede ser un juego de toallas con las iniciales de su nombre bordadas. Este premio debe ser entregado como un alto honor y solamente a los que hayan llevado a cabo actos de servicio en forma reiterada sin que se les haya solicitado y sin llamar la atención.

La toalla, un símbolo de servicio en Juan 13, les recordará a todos el verdadero significado de servir. *Rick Brown*

Comprobante de servicio

El portador del presente comprobante tendrá derecho a solicitar una ofrenda de servicio, para ser llevada a cabo por mí, con amor, en la oportunidad en que lo necesite y en el tiempo de su conveniencia. ¡Tan solo pídamelo!

Para: _____

De _____ , tu humilde servidor.

Presentado el día _____ de _____ de 20____.

(Marcos 10:42-45)

Comprobante de servicio

El portador del presente comprobante tendrá derecho a solicitar una ofrenda de servicio, para ser llevada a cabo por mí, con amor, en la oportunidad en que lo necesite y en el tiempo de su conveniencia. ¡Tan solo pídamelo!

Para: _____

De _____ , tu humilde servidor.

Presentado el día _____ de _____ de 20____.

(Marcos 10:42-45)

Comprobante de servicio

Encuentros al límite
El caso de Cristo, Edición Estudiantil
Drogas y Pornografía ¿Qué hacer?

¡Ayúdenme! ¡Soy líder de jóvenes!
¡Ayúdenme! ¡Soy líder de células! (Libro y DVD)
¡Ayúdenme! ¡Soy líder de adolescentes de 12 a 15!
¡Ayúdenme! Trabajo en la Escuela Dominical
La generacion emergente
Estrategias para células
Como no liderar una célula (DVD)
500 Ideas para tu Ministerio Juvenil
Ministerio de jóvenes con propósito

El Ministerio Juvenil Efectivo
Lecciones bíblicas creativas: «1 y 2 Corintios»
Lecciones bíblicas creativas: «Juan: Encuentro con Jesús»
Lecciones bíblicas creativas: «Romanos: ¡Fe al rojo vivo!»
Lecciones bíblicas creativas: «Verdades Brutales»
Lecciones bíblicas creativas: «La vida de Jesús»
Lecciones bíblicas del Antiguo Testamento
Proyecto Discípulo (Material del Líder)
Proyecto Discípulo, Devocional Juvenil
Proyecto Discípulo(CD)

Adoración tercer milenio (CD)
Juegos para refrescar tu ministerio
Rompehielos
Teatro para refrescar tu ministerio
Biblia G3

Tus dos primeros años en el ministerio juvenil
Conversaciones Dinámicas
Generación de Adoradores
Conexión Posmo
Las 10 plagas de la cyber generación

Lecciones bíblicas creativas de la vida de Jesús

En Lecciones bíblicas creativas de la vida de Jesús encontrarás 12 lecciones sólidas y listas para usar acerca del breve ministerio de Jesús aquí en la tierra. Estas lecciones harán que aprender sea más divertido y llevarán a tus alumnos al punto central: Cuán relevante y oportuna es la vida de Jesús en realidad.

0-8297-3671-9

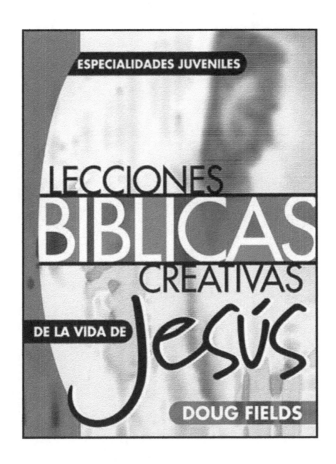

Ayúdenme, soy un líder de jóvenes

Si eres un veterano trabajando con jóvenes o apenas empiezas, *Ayúdenme, soy un líder de jóvenes* te brinda los fundamentos para alcanzar con éxito a los adolescentes. Si buscas nuevas ideas para motivar y reforzar a los líderes voluntarios este libro te ayudará a logralo.

0-8297-3511-9

Lecciones Bíblicas:
Verdades Brutales

Verdades Brutales son lecciones bíblicas que introducirán a los adolescentes a una divertida aventura a través del Antiguo y el Nuevo Testamento. Esta obra los guiará en una jornada que les hará distinguirse. Es un recurso indispensable para los líderes de jóvenes.

0-8297-3787-1

Ministerio
Juvenil Efectivo

El propósito de este libro es proponer estrategias, ideas y principios para desarrollar un liderazgo juvenil inteligente, compartiendo lo esencial del ministerio juvenil efectivo. Los líderes juveniles tienen un increíble potencial en sus manos. Una riqueza que debe ser administrada con sabiduría, perspicacia e inteligencia. Esta obra los ayuda a aprovechar ese potencial de una manera eficaz.

978-0-8297-5508-4